2021年度河北省哲学社会科学学术著作出版资助项目

国家社会科学基金项目（19BGL270）

河北省人文社会科学研究重大课题攻关项目（ZD201413）

河北省引进国外智力项目（2019YX024A）

京津冀协同发展河北省协同创新中心资助项目

京津冀人才

柔性共享机制研究

陈　亮　石晓飞◎著

人民出版社

·目　录·

人才共享："大互联"时代人才价值呈现的新路径

（代序）

伴随科技的迅猛发展，人类正在进入或即将进入"万物互联"（"大互联"）的时代。在今天"互联网+"的时代背景下，人们的社会生活方式、工作环境都发生了巨大变化。原来一些不曾想、不敢想的事情，如今都变成了现实，甚至成为常态。人事领域的变化也不例外。其中，人才共享作为一种灵活有效的人才使用新理念、新方法，进入管理视域，且将成为"大互联"时代人才价值呈现的新路径。

一、认知的逻辑

（一）实现高质量发展的核心和关键在于人才驱动

习近平总书记在党的十九大报告中指出："我国经济已由高速增长阶段转向高质量发展阶段。"推动高质量发展是我国当前和今后一个时期经济社会发展的重要战略目标，是确定发展思路、制定经济政策、实施宏观调控的根本要求。推动高质量发展，必须要持续推动经济发展的质量、效率、动力变革，实现经济增长方式由传统、单一的资本要素驱动、投资驱动向创新驱动转变（新旧动能转换）；必须要依靠科学技术的创新，以有效带动生产率的提升

1

以及经济的集约化增长。

创新驱动的目标虽是"求新",但驱动创新的主体是"人"。人才是创新的根基,是创新的核心要素,创新驱动就其实质而言是人才驱动。只有依靠人才的创造力、创新行为与创新贡献,才能从根本上为企业、社会、国家提供源源不断的新动力与新动能。

(二)实现人才驱动的根本在于人才价值呈现

"人莫不有才,才莫不可用。"实施人才驱动,其实质是要促进人才价值的充分呈现,做到"人尽其才,才尽其用"。

习近平总书记多次强调,对于人才的使用要做到"用当其时、知人善任、人尽其才"。只有充分发挥人才的聪明才智,将人才,特别是创新性人才身上所凝聚的知识、技术、智慧等充分释放出来,用于一线生产管理实践、用于重大技术革新、用于理论创新与科技突破,才能切实将隐性的人才价值转变为实实在在的显性"生产力"。人才价值发挥得如何,人才价值怎样呈现,直接决定人才驱动创新、创新驱动发展的质量与效果。

(三)实现人才价值全面呈现的重要路径在于人才共享

人才价值的呈现过程,实质上是人才身上所蕴含的人力资本使用价值不断让渡的过程。人力资本只有让渡使用价值,才能获得投资收益,而人才也只有在"用"中才能彰显价值、尽显本色。

以往无论是组织还是一个区域,对人才的理解多局限于组织内部、区域内部,即人才的部门所有、单位所有、区域所有。我们在衡量一个组织、一个区域人才的数量甚至是质量时,往往也以其拥有的人才数量作为表征,这虽不能说错,但并不全面。为此,应建立更加开放的人才观,即确立人才"以用为本""不求所有,但求所用"的原则和理念。一方面,要做好"内功"。盘活现有人才,做好现有组织内或区域内人才的"选育用留",对于人才要用当其长、用当其时与用当其位,避免人才浪费,摒弃"叶公好龙""占而不用"等人才"花瓶"现象。另一方面,要借好"外力"。改变以往"圈住人才""刚性引才"的固有思维模式,树立共享思维和理念,打破区域、组织边界,将眼光由"紧盯本地现有人才存量"转变为"积极共享外部人才宝库",全面开展柔性引才、引智,切实做到人才以"用"为核心而"不问出处",大力实施人才共享,共享知识、共享技能、共享智慧。

经验表明,只有将人才在更大范围、更宽领域、更深层次上共享起来,才能真正让人才有更大用武之地,让人才潜力得到充分释放,让人才价值得到全面呈现。

(四)"大互联"时代为人才共享提供了现实可能

近年来,关于共享经济的研究方兴未艾,依托强大的互联网平台技术,真正意义上的人才共享已从不可能变为了可能,从理论变为了现实,从试点走向了大范围应用。

在互联网经济时代背景下,人才之间的供给和需求被很好地"撮合"在一起,人才的使用与价值呈现出现了诸多新特点。一是人才雇主与被雇佣者之间的关系由原来的单一线性关系向多重立体关系转变;一个人才隶属一个组织的"一对一"将逐步被"一对多"或"多对一"的模式取代。二是人才突破了地域、空间与时间的束缚,"超边界"发展成为常态,人才资源将得到进一步优化配置,人才的正向合理流动成为可能。三是通过对闲置人才资源的共享利用,保障了人才的保值增值和价值的最大化呈现;从人力资本角度看,蕴含在人才身上的人力资本收益将更加丰富,人力资本的溢出效应将在时间和空间范围内实现更大扩展。

换言之,随着信息传播手段的丰富和便捷,知识的传递、技能的传递、智慧的传递,越来越不受时空的限制和制约,人才共享较以往任何时期都具有了更大的现实可能性。

二、现实的藩篱

人才共享尽管是人才价值全面呈现的重要路径,实现人才共享的技术约束、时空约束也变得越来越少、越来越弱,但在实践中,人才的共享还并不充分,仍然有许多限制条件、不利因素羁绊束缚着人才共享的层次、范围、内容与方式,一道道看不见的藩篱仍然横亘在人才合理流动、自由配置的路上。

(一)思想藩篱导致"不愿共享"

近年来,国内以长三角、珠三角和京津冀为代表的区域在人才共享方面进行了很多尝试,开展了诸多合作。但总体上看,人才共享的效果并不十分理想,人才共享的模式仍然停留在碎片化、随意性、低层次阶段。以京津冀为例,人才共享的规模还不够大、质量也不够高,三地间长期存在的人才结构上的不平衡、非优化并未从根本上发生改变,人才共享尚未产生应有的效力。

执果索因,造成人才共享困难的一个首要原因即在于共享主体间存在根深蒂固的思想藩篱。人才是助力区域经济社会发展的重要战略性资源,各地在人才共享中仍然不同程度受到"本位主义"与"地方保护主义"思想的束缚和干扰。如人才资源富足的地区会顾虑因共享引起人才流失;人才资源贫瘠的地区会担忧共享下形成虹吸效应,进一步加剧人才恶化局面。受此思想影响,各地在开展区域人才合作中,往往更多关注的是"利益分享"而不是"协同共享",更多的是希望在共享中"多分得一杯羹"而不是"多贡献一份力量"。思想的藩篱导致区域内的人才共享,既缺乏动力("不想共享"),又形不成合力。

(二)体制机制藩篱导致"不敢共享"和"不便共享"

当前,围绕人才共享方面的体制机制仍有待完善。现行的一些规章制度不仅没有为人才共享助力,反而在一些方面产生迟滞和阻碍作用。在实践中,往往是人才共享作为一种先进理念模式在"快跑",而一些规章制度和相应的体制机制因没有做到与时俱进、紧跟时事,仍在"慢跑"甚至"原地踏步跑"。集中体现为:一是与之配套的法律制度尚不健全。目前围绕人才共享中的劳务关系、责任权益、风险防控等方面的相关法律法规仍在讨论与酝酿之中,在某些领域甚至出现了"空白"或依据不足的窘境。二是与之配套的公共服务政策、制度尚不衔接。区域、户籍与体制上各类要素的分割,直接造成教育、医疗、养老等公共服务保障政策、制度的"千差万别"与"自成体系",为人才共享与流动中公共服务关系的灵活转换、接续衔接等带来阻碍。三是与之配套的市场、平台建设不足。市场在推动人才共享、促进人才资源优化配置中发挥着决定性作用,目前国内一些区域,尚未建立起联通的人才信息平台与统一的人才交流市场,人才信息汇集与发布信息网的完善,人才职称评定与互认市场衔接机制的健全等诸多问题也有待尽快解决。

这些体制机制的"错位"和"缺位",直接阻碍了区域人才共享的推动与实施,导致人才共享上的"不敢"和"不便"。

总之,在互联网技术迅猛发展的今天,人才共享的发展是大势所趋、时代必然。在共享滚滚洪流来临之际,我们只有做到顺势不逆潮,着眼现实问题,紧盯关键环节,不断创新体制机制,才能最大限度释放人才价值,充分发挥人才红利,推动我国实现由高速增长向高质量发展的转型跨越。

（本文是 2019 年 10 月 25 日在中国人力资源开发研究会年会暨第四届中国人才发展论坛上所作的演讲）

陈　亮

第一章 绪 论

本章作为绪论,主要阐述研究的背景及意义、相关研究及评述、研究思路与技术路线、研究的内容与方法等。

第一节 研究背景

一、新经济时代背景

在影响经济运行的所有要素中,人是最为关键的。社会物质财富、精神财富的创造无一不是以人为起点和归宿。人是所有要素的核心,是其他要素的操作者、受体和承载者。人才发展是诸多要素发展的根源,也是结果。

新经济时代背景下,世界正经历着巨大变革。蓬勃发展的通信、互联网、物联网新技术让世界连成了整体,不断更新的支付手段带来了全球资源和资本的大转移。不难发现,新经济时代日趋激烈的经济竞争实质上是人才竞争。

以人才作为实质竞争力的新经济时代使人才呈现出不同于以往的鲜明特点:一是专长性。人才是具备某专长或能力的个体,是领域内举足轻重的行家,其人力资本价值较高。二是进取心。相较于普通人力资源,人才拥有更高的成就动机,他们积极向上,想充分发挥自身价值。三是自主性。人才自我控制、自我管理能力较强,基于自我认知和意愿行事。四是稀缺性。人才是个体先天潜质、后天教育以及环境熏陶综合作用的结果,人才总是稀缺的,对于社会来说人才是一种珍贵的资源。五是创新性。人才具备一定的思考能力、问题解决能力,易形成新想法、新观念。六是流动性。人才的流动性远远高于普通人力资源,凭借自身不可替代的知识或技能享誉行业内外,独立性较强,易被其他组织聘用。

在新经济时代背景下,人才资源作为一种关键和独特的生产要素,逐步受到重视,目前已经排在产业资本、金融资本之首,人才雇佣资本成为当代的显著特征。

新经济时代是经济全球化的时代。市场的供给方和需求方扩大至全球范围,也实现了资源配置的全球化,各类组织在全球范围内以最为经济的方式选择最合适的资源。在此背景下,人才流动不再受地域限制,可以在全球范围内有效进行转移,各个国家和地区的人才吸引和保留措施将面临新的严峻挑战。

新经济时代也是信息化的时代。人与人之间的时空距离逐步缩短,全球范围内可实现即时的信息分享与沟通。信息技术的发展改变了人们的工作方式和工作时间,使其更加灵活而富有弹性。人才市场也朝着信息化、智能化方向发展,建立准确、全面、迅速、覆盖面广的人才资源信息网络系统,实现人才资源的有效配置成为当务之急。

新经济时代更是人才资源资本化的时代。新经济时代背景下,人才资源不单单是知识或技术的载体,同样是投资的对象。知识、智能等因素在经济活动中的作用日益突出,知识管理能力成为企业或其他社会组织在行业内脱颖而出、提升核心竞争力的关键。各类组织更加关注员工的技能与知识,真正将人才上升到战略地位,将知识视为组织的重要财富,通过人力资本投资,不断提升人才自身的知识水平和智力水平,进而维持和创造组织及个体持续竞争的优势。

总之,以经济全球化、信息化和人才资源资本化为特征的新经济时代,不仅为人才资源的价值实现提供了新平台,而且增强了对区域间人才流动及人才共享和共赢的新需求。

二、京津冀协同发展背景

京津冀地区是我国重要的区域经济增长极,从 20 世纪 70 年代起,京津冀范围内的合作与协调发展工作就未曾中断过。五十余年来,该区域相继经历了环渤海区域合作、"两环"开放战略、"大北京"首都经济圈、京津冀经济一体化发展等阶段性实践探索,并最终上升为京津冀协同发展国家战略(见图 1-1)。

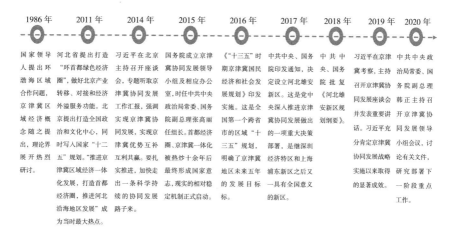

图 1-1 京津冀迈向协同发展进程中的重大历史事件时间轴
资料来源:笔者整理。

京津冀协同发展是党中央在新时期准确判断京津冀及全国发展大势,立足全局和长远提出的一个重要国家战略。人才作为第一资源,是推动京津冀协同发展的主要动力源,京津冀协同发展对区域人才的高度融合提出了现实需求。三地经济的协同发展,关键在于人才上的协同,即加强区域间的人才合作、人才共享和互利共赢。通过打破制度性障碍,将京津冀分散的人才资源有机整合起来,取得"1+1+1>3"的效果。

京津冀人才一体化发展本质上不同于以往的京津冀人才合作,而具有新的内涵和目标要求。即通过在人才规划、平台建设、政策对接、项目合作、资格评价等多方面的协同,促进京津冀地区各层次、各类别人才的协同发展,使京津冀区域人才分布更加均衡、人才流动更加顺畅、人才活力更加迸发、人才价值更加彰显。

京津冀协同发展大背景下,相对京津,河北省人才发展战略的调整尤为紧迫。专家认为,伴随人口老龄化的到来,"人口红利"将逐渐消失,而"人口红利"转变为"人才红利",必须使人才"动起来"。截至 2018 年末,河北省高层次人才达到 6050 人,高层次人才群体的持续壮大,虽然为河北省经济社会的发展注入了强大活力,但仍然存在较大的人才缺口。在"人口红利"向"人才红利"转变的进程中,河北省必须注重体制、机制创新,有效共享京津人才,以应对日趋剧烈的变化与竞争,紧跟时代步伐,实现华丽转身。

三、河北省的特殊省情

河北省,简称"冀",位于中国华北地区,内环京津,东临渤海,总国土面积达 18.88 万平方公里。第七次人口普查数据显示,全省常住人口 7461.02 万人。河北省以其人口、面积优势成为京津冀腹地,是京津冀协同发展中重要的一环。

内环北京、天津两大都市是河北省突出的区位特点,在人才涵养、引才和聚才方面,这一区位特点既构成劣势,也存在有利因素。

劣势在于:地处京津外围的河北,由于大都市经济文化中心的虹吸效应,加之在人才服务、培养、引进和激励机制方面存在的短板、弱项,导致大量河北人才向京津流动,造成三地人才布局的较大反差。

有利因素在于:一是河北省在地理位置上,包围京津两地,如果北京和天津拥有较好的资源,河北省也会获得益处;二是河北省土地资源丰富且相对廉价,在地域空间上有很大的发展空间;三是全国知识和人才集聚在京津两地,而项目和产业对人才具有强大吸引力,通过推动三地之间项目和产业互动,完全有可能实现河北省对京津人才的柔性共享;四是河北省虽然有大量人才流入京津两地,但是这部分人心挂故乡,期望为家乡奉献一份力量,使家乡有更大发展,存在天然的情感纽带;五是河北省近年来注重自我发展,淘汰落后产能,加快经济结构转型,建设“经济强省、美丽河北”的信念不断深入人心。上述有利因素,构成河北省能够吸引北京和天津两地人才来冀发展的特殊优势。

综上所述,新经济时代背景、京津冀协同发展和河北省的特殊省情均从不同视角提出了区域人才一体化发展创新的新要求,即京津冀人才共享,河北省自身的经济赶超和跃升,都迫切需要构建一种选择广泛、载体众多、成本低廉、效益彰显、资源配置灵活的人才柔性引进、共享和使用机制,使得多方充分共享人才价值,且能够在推动区域经济社会发展上实现互利共赢。

第二节　研究意义

京津冀协同发展是当前学术界研究的热点问题,学者们大多从非首都功能疏解、交通一体化发展、生态环境保护、产业协同发展等方面进行研究,并形成各自较为完整的理论分析体系。与此不同的是,本书将研究对象聚焦于人才,把“不求所有,但求所用”

作为引才引智的重要理念,结合当前京津冀的人才状况,研究京津冀人才柔性共享内在机制的构建问题。特别是更多从河北视角出发,将人才柔性共享与京津冀协同发展历史机遇联结起来,展开有针对性专题研究,具有重要的理论意义与实践意义。

一、理论意义

(一)有益于进一步丰富人才共享相关理论

本书在人才共享相关理论的基础上,结合"人才""柔性""共享"的新内涵、新理念,进一步提出了人才柔性共享核心概念,并从界定人才柔性共享概念,探究京津冀人才柔性共享内在系统机理,构建京津冀人才柔性共享机制,形成有效模式等方面做了分析探索,这些探索均有益于从理念、原则、方式、路径及机制构建的角度进一步丰富人才共享理论。

(二)有益于进一步丰富人才共享与区域经济发展相关理论

本书针对人才共享与区域经济协同发展的关系问题,结合人才资本理论、劳动力供求理论、区域人才流动理论、协同理论、共享经济等理论内容,研究京津冀协同发展背景下人才柔性共享的实施路径、动力机制、保障机制、共享模式等,在更深层次上将人才共享与区域经济发展相结合,探讨人才共享与区域经济发展的紧密关系,揭示一般性规律,进一步丰富了人才共享与区域经济发展理论。

二、实践意义

(一)适应区域人才一体化发展大势

区域经济协同和人才一体化是当今经济社会发展的必然趋势。随着科学技术的迅猛发展和社会生产力的大幅提高,单一市场已无法满足市场经济发展的需要,为此,要打破固有限制,统一调配资金、技术和人才资源,以形成开放互联的大市场。当条件成熟时,发展基础、资源禀赋条件不同的区域为谋求更大的利益、获取更多的优势,必将走向协同和一体化。

人才是人力资源的最高级形式,是经济和社会发展的主导力量。人才一体化为经济协同提供前提条件和启动基础。

随着京津冀协同发展进入实质性推进阶段,三地关于人才的开发和使用已形成一定的共识。特别是在 2017 年,《京津冀人才一体化发展规划(2017—2030 年)》①发布,这是我国首个服务国家重大战略的跨区域人才专项规划,是三地人才合作从民间自发运作转向政府统筹推进,并形成统一战略的重要标志。人才一体化已经成为区域协同发展的大趋势,柔性共享作为实现区域人才一体化发展的创新模式,将体现其特殊应用价值。

(二)京津冀人才一体化发展内在要求

自京津冀协同发展上升为国家战略以来,京津冀人才一体化发展也成为京津冀三方的共同战略选择。改革开放以来,长三角、珠三角发展迅速,京津冀与两者的发展差距逐步扩大,其根本原因在于人才一体化发展上存在较大差距。即京津冀三地人才资源缺乏整合,无法充分利用现有人才资源,发挥人才优势,尚无法形成发展合力。

京津冀三地产业结构呈现错位布局,具有很强的互补性。京津冀地区产业链中存在人才梯次,北京位于产业链上游,需要高端人才进行创造、开发和设计;天津位于中游,需要高、中层次人才进行品牌营销和服务;河北处在下游,需要高、中、低层次人才进行制

---

① 《京津冀人才一体化发展规划(2017—2030 年)》,2017 年 7 月。

造、加工和生产。人才资源是第一资源,是最具活力的生产要素,京津冀三地优势互补,迫切要求通过人才柔性共享等方式为区域协同发展提供动力源。

（三）助力河北省产业结构调整和技术创新

转变经济发展方式,推动高质量发展是当前我国社会的重大现实课题。与北京的主导产业为第三产业不同,河北省的产业结构中第二产业占主导地位,产业结构呈现高污染、高消耗、低效能特点。由粗放型经济发展方式转变为创新型、集约型发展方式,要求产业升级和产业结构调整,必然存在创新型、高层次人才的巨大缺口。长期以来,京津冀三地形成的巨大心理落差和经济鸿沟导致人才虹吸效应越来越强,一度阻碍了河北经济的健康发展。

迄今为止,河北省仍然很难吸收、引进京津人才,无法从根本上改变三地资源分配不均衡的现状。一方面,河北省在新产业布局中对大量人才的需求无法满足;另一方面,京津人才资源又存在一定的浪费,这种不平衡是京津冀协同发展进程中面临的突出矛盾。

破解这种困境的关键在于加大力度补齐河北人才"短板",而最直接、最便捷的方式是就近引用京津人才。即京津冀三地人才实现自由流动和优化配置,将京津最关键、最具价值的资源(人才、智力、科技资源)与河北当地的资源要素相融合,以产生强大的作用动力。从此意义上讲,人才柔性共享就成为河北省转变经济发展方式,实现产业升级的重要战略选择。

第三节　文献综述

为准确把握本专题的研究现状,有必要在开展研究时,先对当前有关人才共享的相关文献进行梳理与总结。

作为共享经济的一种主要形式,人才共享越来越受到学者关注。目前,学者们主要从内涵、形式、价值、运行机制等方面对人才共享进行了探究。

一、关于人才共享的内涵

人才共享也称为人才柔性共享。国内人才共享研究开展较晚,起初并未对人才共享的概念进行明确界定(林申清等,1985)。之后,单联民(1994)关注了高校人才共享现象,并对其进行定义。2000年后,随着人才共享研究的逐渐深入,国内学者主要从区域、组织和个体三个层面界定人才共享的含义(见表1-1)。

表1-1　人才共享内涵的界定与比较

学者	核心观点	层次	主体	关注重点
郭庆松(2006)夏琛桂(2008)	是区域间人才的柔性流动	宏观	区域	强调人才共享的政策制度建设
郭庆松(2006)高兆刚(2010)	是组织间的人才"不求所有,但求所用"	中观	组织	强调人才资源在组织间的灵活配置
罗凤英(2006)宿敬肖等(2016)	是个体智力资源的多方共享	微观	个体	强调人才资源个体价值的呈现

资料来源:笔者整理。

综合来看,人才柔性共享是人才流动的一种,是人才跨越地域、跨越组织提供知识服务的一种具体表现形式。该种形式不仅扩展了选才、用才的渠道,也使人才价值得以最大化呈现,并能够实现"人尽其才,才尽其用"。

二、关于人才共享的主要形式

从人才共享的实践来看,学者们主要将人才共享的形式划分为五类：

一是租赁式共享。人才租赁参与主体包括用人单位、人才和租赁公司，租赁公司在其中起到连接作用，租赁公司根据用人单位对人才的需求为其安排合适人选，租赁的时间和报酬标准经租赁公司和用人单位协商决定（聂顺江和孟令熙，2012）。人才租赁公司出租人才所涉及的行业跨度大，人才种类多样，包括电子精密仪表、服装、食品业、生物技术等多个领域的人才。

二是兼职式共享。"星期日工程师"就是一种兼职式共享，人才在人事关系上仍隶属于原单位，空余时间在其他单位兼职。兼职具有临时性、短期性的特点，也更为灵活（李淑芳，2013）。

三是外包式共享。对于单项性、临时性的工作，企业可选择将其外包给专业单位。最初外包项目大多为一些"体力外包"，随着人才共享的发展，出现越来越多的"脑力外包"（王全纲，2018）。一方面，这种方式使本企业有更多精力聚焦于重点工作，提高企业的核心竞争力；另一方面，外包企业更专业，保证了任务完成的质量和效率（严世清，2017）。

四是项目式共享。单位在突破某个复杂项目时，如果缺乏足够的科技人才，可向高校、科研院所、其他企业聘请人才共同完成项目开发，这就是项目式共享。这类共享方式比较灵活，可根据项目的变动，随时共享不同的人才，充分发挥"外脑"的作用（杨小婉等，2021）。

五是候鸟式共享。这种共享方式主要针对国外人才（吴蓓等，2009）。为引进人才，我国实施了大规模的引才计划，大量"海归"人才选择回国就业。然而，有部分人才受限于某些因素，无法回国发展，国内的发展又离不开此类人才，那么可采用候鸟式共享。国内有需要时，不定期回国工作，国内任务完成后，又可返回海外。这种共享方式,为想回国做贡献的人才提供了便利渠道。

三、关于人才共享的重要价值

国内众多学者对人才共享的价值进行了论述,总体可归纳为四个方面:

一是促进人才合理流动。由于传统雇佣模式中员工和雇主之间固定的、不易发生变化的劳动关系,阻碍了人才自由流动(郭庆松,2015)。部分人才在所属单位无法充分发挥才能,但囿于流动的限制,不能到其他单位发挥光和热,无法实现"人尽其才",单位既不放人又不重用的现象,使得大量人才私下偷偷兼职。吴玲(2008)认为,虽然人才共享这种模式使得人才"脚踏两只船",但这为人才充分发挥自身潜力和创造价值提供了机会,避免了人才被压抑和埋没。

二是提高人才使用效益。人才是发展的第一要素,随着长三角、珠三角、环渤海等地经济的快速发展,我国呈现出区域一体化、区域协同发展的良好景象(党林林,2017)。张卫枚(2012)提出,区域人才共享这种新型的资源配置方式,通过共同培养、开发和使用人才资源,不仅能提升区域整体的人才竞争优势,也有助于快速有效地提高人才的使用效益。

三是缓解区域人才结构性矛盾。国内长期存在人才结构性矛盾,呈现出东部人才聚集,西部人才紧缺的现象(张胜冰等,2008)。究其原因是,人才的培育需要一个过程,不能一蹴而就,需要十几年甚至几十年,非朝夕之功可以解决的。解决人才结构性矛盾,可通过人才培养,大力发展和支持高等教育,这属于长期解决方法。此外,也可通过人才共享这种柔性引进方式,这是一种见效快、投入少、方便快捷的方式。佟林杰、孟卫东(2013)、何琪

（2012）认为区域人才共享促进人才资源的良性发展,有效地缓解了区域间长期存在的人才结构性矛盾。

四是助推区域经济一体化。人才具备关键核心能力和智慧,通过人才共享,人才的智慧得到充分流动和使用,在此过程中,不同个体间智慧的结合和碰撞能够形成新知识,提高区域创新水平。经济的快速和健康发展,受益于创新成果,人才开发一体化将进一步促进区域联动发展（朱兰等,2020）。人才共享是区域经济一体化的必然要求（佟林杰等,2013;郭庆松,2006）。

四、关于人才共享的机制

人才共享机制是指人才共享的基本构成要件在运行过程中发生的相互作用及调节功能（郭庆松,2007）。学者们主要从动力机制、约束机制、调控机制和产出机制等四方面展开研究（见图1-2）。

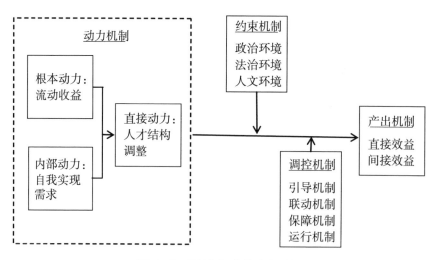

图 1-2　区域人才共享机制

一是动力机制。刘追（2017）指出,人才共享有效运行的内在推动力量是动力机制,主要包括流动收益和自我实现需求。人才共享是人才流动的一种典型形式,人才在共享过程中能够获得流动收益,也即流动收益是人才进行共享的动力之一。人才相较于普通人力资源,具备更多的知识和技能,因而具有更高的自我实现需求,为充分实现自我价值,人才会主动进行共享,人才高度的自我实现需求是人才参与共享的内部驱动力(李峰,2021)。刘追(2017)进一步指出,人才共享的直接动力是人才结构调整。一些地区主要是以第一产业、第二产业为主,缺乏高素质、高层次人才,在产业升级和转型的要求下,这部分地区对教育、工程技术、金融、医疗、生物等领域的人才需求旺盛,因此,在这种情况下,人才结构的调整在很大程度上推动了人才共享。

二是约束机制。人才共享的有效运行受政治、法律、人文环境的影响。刘追(2017)在此基础上提出,人才共享的约束机制包括政治、法治和人文环境。不同区域政策和法律的制定有所差异,各地长期以来形成的人文环境也有所不同,在进行人才共享过程中,会存在相互冲突和不协调的问题,并不利于人才共享的有效运行。

三是调控机制。人才共享的调控机制主要是引导机制、联动机制、保障机制和运行机制。引导机制所涉及的主体是各省市政府,主要是所发布出台的各类人才相关政策。联动机制的主体是各省市政府、事业单位和非营利组织,主要是通过这些主体间加强联系和合作实现人才共享。保障机制是为人才共享提供相关保障。运行机制的主体是相关政府部门、用工单位和个人,这三者通过达成协议来实现人才共享。

四是产出机制。人才共享的产出机制主要包括两方面:一是直接效益,即人才共享对人才个体、用人单位和区域所产生的直接影响(朱兰,2020)。人才共享不仅使个体获取流动收益,为人才自我实现提供机会,而且有助于缓解区域人才结构性矛盾,解决企业用人难、用人贵的问题。二是间接效益,即人才共享非直接产生的影响。人才共享一旦形成大规模发展的局面,会带来联动效应,推动区域经济、文化、教育等领域的快速发展(宋成一,2019)。

第四节　研究内容与方法

一、研究思路及技术路线

在认真梳理相关研究成果的基础上,本书形成以下研究思路:

一是夯实理论基础。本书先用一章(第二章)的篇幅系统介绍了人才资本、劳动力供求、区域人才流动、协同以及共享经济等相关理论成果,从而为探求京津冀人才柔性共享机制提供理论依据。

二是理清现实问题。京津冀人才一体化发展是今后一个时期该区域的一项重要战略任务,其实现必须从现实出发。本书专门设定两章(第三、四章)内容,综合分析了京津冀地区当前的人才结构状况和特点,明晰河北省与京津地区的人才需求差异,进而剖析了影响人才流动的深层次原因以及人才大量外流和吸引人才回流的体制机制障碍。

三是借鉴成功经验。本书在现状分析的同时,用一章(第五章)的内容介绍了发达地区(长三角地区和珠三角地区)人才一体化发展的进程、模式和成功经验,目的在于通过借鉴发达地区人才协同发展的成功经验,为构建京津冀人才柔性共享机制提供参考。

四是尝试构建机制。本书紧紧围绕人才柔性共享的研究主题,用一章(第六章)的内容在合理诠释人才柔性共享内涵的基础上,结合京津冀的区域特点,探索性提出京津冀人才柔性共享机制构建的思路,为区域人才资源的合理配置和灵活流动提供新路径。

　　五是提出政策建议。本书用一章(第七章)的内容,在系统阐述人才柔性共享实施路径、动力保障机制和具体模式的基础上,针对京津冀人才一体化发展目标实现提出适用性对策建议。

　　本研究采取的技术路线如图 1-3 所示。

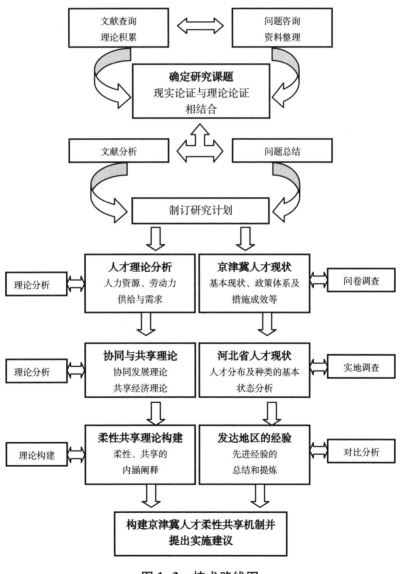

图 1-3　技术路线图

二、研究内容

根据以上研究思路,本书共分为七章,其中第六、七章为核心内容。

第一章为绪论。主要阐述京津冀人才柔性共享机制研究的背景、意义,梳理相关文献,提出重点研究的问题和研究总思路,确定研究方法,等等。

第二章为相关理论。主要阐述人才资本理论、劳动力供求理论、区域人才流动理论、协同理论、共享经济理论等,为后续研究做理论上的铺垫。

第三章为京津冀人才发展状况。主要阐述京津冀人才状况、人才合作状况以及河北省人才工作状况。通过描述京津冀的人才总体状况,全面对比分析京津冀三地在人才规模、结构等指标上的差距。在此基础上,总结河北省人才工作取得的成效,剖析存在的不足和突出问题,为后续研究提供现实依据。

第四章为京津冀人才一体化发展壁垒分析。主要从观念认知、政策制度、体制机制、平台建设四个角度对京津冀人才一体化发展过程中存在的壁垒展开分析,深入探究现象背后潜在的深层次问题和原因,为后续章节提出建设性意见提供靶向。

第五章为发达地区人才发展的实践探索。主要阐述长三角和珠三角区域人才一体化发展的内容、模式及取得的成果等,在此基础上总结京津冀区域可资借鉴的成功经验,为后续构建新机制和提出对策建议提供参考。

第六章为京津冀人才柔性共享机制的构建。主要在厘清柔性、共享、人才柔性共享内涵的基础上,深入剖析跨区域人才共享的内在机理,并尝试构建京津冀人才柔性共享的体制机制。

第七章为深化京津冀人才柔性共享的对策建议。作为本书的结尾部分,本章在构建的京津冀人才柔性共享机制基础上,基于其实施路径、动力机制,阐述京津冀人才柔性共享的保障支持和模式创新,并提出深化人才共享的具体对策建议。

三、研究方法

研究方法基于研究的问题而确定。目前社会科学界特别强调采用多元科学研究方法论(Multiple methodologies),认为需要兼用质化、量化的不同方法来探讨同样的问题,以强调研究结果的坚韧度(Robustness)(陈晓萍,2008)。本研究运用了文献研究、调查访谈、对比分析研究及描述性统计等常规方法。

文献研究法。该方法通过阅读相关文献达成对科学事实的基本认识,进而引发对现实问题的思考。本书在提炼各章节相关理论观点时,特别注重应用该方法。如第一章文献综述部分,第二章相关理论部分,第六、七章共享机制构建、实施路径、模式及对策建议部分等,都建立在对国内外学者有关人才资本、劳动力供求、人才区域流动、区域协同等诸多研究文献的系统梳理和认识之上,从而使本研究具有较为扎实的理论基础。

比较研究法。相对于单一陈述,比较研究法有助于找出事物间存在的差异,在比较中揭示事物的内在本质。本书广泛应用了比较研究法,特别是通过对京津冀三地近几年人才发展状况的对比研究,得出河北省人才工作的短板、弱项和存在的突出问题;通过对国内发达地区人才柔性流动及共享的比较分析,为京津冀三地人才柔性共享机制的构建提供参考系。

调查访谈法。调查访谈法是较为古老、普遍的方法,注重一手资料的收集,是社会科学研究中最重要的调查方法之一。访谈的过程实际上也是访问者与被访问者之间交流互动并引发思考、洞悉深层次问题和潜在矛盾的过程。本研究即通过与北京、天津、河北三地不同层次人才办公室领导、工作人员、企业、科研院所领导、人力资源主管，以及各类有共享需求的高层次人才开展的多向度沟通和交流，较为准确地把握了京津冀人才柔性共享的现状，并对存在的阻碍因素有了深入且全面的认识。

统计分析法。统计分析是经济、管理等领域研究中最重要和应用最广泛的一种分析方法。本研究在阐述京津冀人才共享的现状、比较分析三地人才布局结构时使用了大量一手和二手的数据资料，数据资料的处理较多运用了描述性统计分析。

第二章　相关理论

本章重点围绕人才资本理论、劳动力供求理论、区域人才流动理论、协同理论及共享经济理论等相关理论展开论述,以期为后续构建人才共享机制提供理论依据。

第一节　人才资本理论

人才资本是人力资本中的核心部分,是高能资本。要发挥人才资本的真正价值,需要把握人才资本的含义、基本特征和运行规律。

一、人才资本的含义

人力资本中对社会贡献最大的是人才资本,人才资本是人力资本的核心。据研究,人的体能、技能、智能的形成成本比为1:3:9,其对社会的贡献比为1:10:100。人才资本主要指人的技能和智能。

人力资本在舒尔茨的理论中被定义为:体现在劳动者身上,通过一定的投资途径形成的知识、技能及体力的总和。人才资本以人力资本为基础,只有当人力资本积累到一定程度——使劳动力变为人才时,人力资本才转化为人才资本。据此,可将人才资本理解为:附于具体人身上的知识、智慧、才能、技能等能够被用来进行创造性劳动,并能对人类做出较大贡献的智力资源禀赋。

人才资本是动态概念,与劳动、创造等活动过程紧密相联。丰富的知识、超人的智慧、杰出的才能、娴熟的技能,如果不与劳动结合,不参与创造,就只会是潜在的、凝滞的人力,不会成为人才资本。

用资本的观点来看待人才是时代的要求。伴随知识经济的兴起,人们将目光从物质资本转向知识和技能。纯粹的知识是创造不了经济效益的,真正能够创造效益的是人身上的知识、技能和才干,即人的才智。

才智不是天生的,需要后天培养以及自身的努力和创造,需要人自身和社会的投资。投资沉淀在人才身上先是转化成人力资本,继而转化成人才资本。人才资本由投资形成,一切培养、吸引、留住、利用人才所需要的投入都是对人才资本的投资。

二、人才资本的基本特征

人才资本既有一般资本的性质,也有其特殊性。人才资本的基本特征主要有:潜在性、创新性、能动性、增值性和流动性。

(一)潜在性

人才资本隐含在人体身上,看不见、摸不着,具有潜在性。从个人人才资本存量来看,智慧、才能、技能和知识都是潜在的个人品质。这些个人品质首先是个人的私有信息,社会虽然可以通过文凭、资格证书等获得认知,但仅是一种不完全的信息,很难做到准确掌握。

人才资本由投资形成,投资流量主要是货币形式,是有形的,但由这种流量积累的存量却是无形的、隐含的,投资主体(个人、政府、企业)未必能直接获益,这一特点有可能影响人才资本投资者的积极性。

人才资本的潜在性凸显了激励的重要性。在人才的职业生涯管理中,如何最大限度提高人才资本付出的积极性、主动性,使潜在的人才资本被极大地挖掘出来,无论是对人才个体,还是对社会都至为关键。

(二)创新性

人才资本区别于其他资本的显著特点是人才的劳动是一种创造性劳动,人才资本是一种创新性资本。人才资本在其使用过程中虽有无形磨损,如知识、技能的退化等,但人才资本是非常具有活力的资本。人才资本在使用过程中存在知识更新、经验积累、能力开发和个性完善,是一个自我丰富、自我强化和自我发展的独特过程,这些均构成人才资本的自我创新性。人才资本是创新的根本,是推动其他资本(物力资本、金融资本等)增值的发动机。

值得注意的是:人才资本的创新性同样具有潜在性,如果不给予人才资本创造的条件、适当的环境和制度的保障,人才资本就有可能被削减、被埋没。

(三)能动性

人才资本是高于人力资本的附于具体人身上的知识、智慧、才能、技能等智力资源禀赋,人能表达意志、愿望,因而具有能动性。当人才资本处在宽松的环境、被给予较大发展空间时,就能积极主动地创造较大的价值与效益;反之,人才资本所处环境恶劣、得不到施展的空间,就会消极被动,甚至将自己的人才资本关闭起来。所谓"心不在焉""身在曹营心在汉"就是这种情况。如何避免二者的背离,要靠激励,靠竞争,也要靠群体的协作。

(四)增值性

人才资本具有增值性。相对于物力资本,人才资本是主动资产,其增值来源于自身的创造和能动性。相对于一般人力资本,人才资本增值范围更大,阈限更小,增值动机更强烈。人才资本增值以人力资本为基础,当人力资本存量达到一定程度时,人才资本会自觉为自身增值;人才资本增值也是连续不间断的过程,幼年及老年增值力较差,中青年增值力较强。另外,由于人才资本往往具有专用性,人才资本的增值还有赖于人才资本间的协作,并产生"1+1>2"的效果。

(五)流动性

人才资本具有流动性。人才往往具有较强的自我实现动机,受其驱动,人才资本会不断为自己寻找实现价值的适宜场所。人才资本的流动性也受其私利性所驱使,如通过流动,追求自身生活与家庭生活的满足等。

人才资本是高能资本,拥有较高的知识水平、优化的知识结构和高超的技能。相对于一般人力资本,人才资本流动的范围更广、流程更长、流速更快。人才资本的流动性也是人尽其才的重要保证。

三、人才资本的运行规律

(一)人才资本的价值规律

人才资本价值由人才投资成本和人才增值两部分构成。人才投资成本是人才增值的基础,人才增值是人才投资成本最终的价值体现。人才资本价值用进废退,具有时效性,这就是人才资本的价值规律。

人才投资成本(用 K 表示)由教育投资、培训投资、配置投资等构成,是显性投资,一般可以直接用货币计量;人才增值(用 M 表示)的一部分是实践中经验积累的结果,是工作生活中潜移默化而来的,是隐性的,难以用货币计量;另一部分是人才资本的价值创造即贡献,有的可以衡量,有的无法衡量。一般来说,K 越大,M 就越大。当 K 达到一定程度,可以使人进行创造性劳动,可以使 M 自觉积累时,则"人"就提升为"人才"。

人才资本是人的附属物,人的生命周期的有限性决定了人才资本的时效性。人才资本会随时间的流逝而降低或丧失其作用,人才资本存量无法实现无限增长。因此,不用则废,人才资本的长期闲置和用非所长等都会造成难以弥补的浪费和损失。随着社会不断向前发展,知识技能更新周期越来越短,这也是人才资本价值磨损不可忽视的方面。避免这种磨损只有靠再学习以形成新的人才资本,满足社会的需要。

(二)人才资本的价格规律

人才资本的价格虽然最终由人才资本价值决定,但在现实生活中则是由供求关系直接决定的。供大于求,价格下跌;供不应求,价格上涨。供求关系使人才资本价格围绕人才资本价值上下波动,此谓人才资本的价格规律。

人才资本应如何定价? 无论是过去计划经济时代由政府说了算,还是现在由用人单位说了算的情况,都是违背人才资本的价格规律的,价格规律要求的是市场定价。马歇尔均衡价格理论告诉我们:供求双方的力量直接决定了均衡价格,当一方发生变化时,价格就会波动,直到新的均衡为止。价格规律要求双向选择,对任何一方的逼迫、压制、干预,都会扭曲价格信号,破坏市场机制。因此,人事管理部门要注意维护市场的功能,要努力创造平等、竞争、有序、开放的市场环境,由微观管理上升到宏观管理。人才资本价格规律要求更新人才观念,要戴着市场的"有色眼镜"看待人才的工资。学历高未必工资高,资格老未必工资多,年龄大未必报酬大。人才定价必须考虑市场需求,要接受市场的检验。

人才资本的能动性决定了人才资本定价的特殊性。一方面,人才资本价格要能产生激励作用。人才资本定价不能一次性完成,要留有价格预期,以便当人才资本的释放满足用人单位的需要时,再兑现或继续完成相应的定价。另一方面,人才资本的定价不一定完全是货币工资形式,而应是"价格包"形式——里面可考虑包含工资、奖金、津贴、股权、期权、其他福利乃至精神收益等。

(三)人才资本的流动规律

在市场经济条件下,人才资本流动受人才资本平均利润率规律支配(人才资本的平均利润率主要表现为人才资本收益率,以下同),不断流向人才资本平均利润率高的部门、行业、地区,流向最能发挥其作用、体现其价值的地方。这就是人才资本的流动规律。

现代市场经济的开放以人流、物流、资金流为表现。人才资本作为最活跃的生产要素,流动性更为明显。当今,科学技术日新月异,全球性的贸易和经济合作不断扩大和发展,人们的社会经济联系日益紧密,知识经济在人才资本的创新中蓬勃发展。伴随经济全球化进程的不断加快,人才资本的流动流向更广、范围更大、流速更快,且日益呈现出国际化流动的趋势。

人才资本的流动,可用连通器原理作比方。在连通器两端,存在挤压和吸纳的矛盾对立和统一。挤压力大,吸纳力小的一端,人才资本向相反方向流动;挤压力小,吸纳力大的一端,人才资本向自己一方流动。形成挤压力的主要因素有:工作竞争压力、传统政治文化压力、传统就业体制和观念惯性压力、环境压力、精神压力等。形成吸纳力的主要因素有:有利的岗位、工资与福利待遇、发展机会、融洽的工作环境等。对不同类型、不同层级的人才资本,应权衡采取不同的挤压与吸纳手段。

人才资本的流动还涉及流通渠道问题。造成流通渠道不畅的主要原因有:地方和部门保护主义带来的人事条块分割、户籍制度的人为阻碍、人事流动信息传播的不充分、人才市场的不统一、过大的流动成本、社会保障体系的不完善等。为此,要为人才资本的流动创造条件、疏通障碍,要避免流动恐慌症。人才资本只有在不断的流出与流进中,才能获得价值收益。

第二节 劳动力供求理论

以下主要从劳动力的供给和需求两个方面简要阐述劳动力供求理论的相关内容。

一、劳动力供给理论

(一)劳动力供给的内涵

劳动力供给可以从微观、宏观两个方面进行理解。微观层面的劳动力供给指的是个人的劳动供给决策行为。影响个人劳动力供给的主要因素有:受教育水平、家庭因素、工资率、政府政策等。其中,工资率是影响个人劳动力供给的最基本因素。受教育水平指的是个人接受教育或者技能培训的程度,一般来说,受教育水平越高,工资率越高,越会正向影响个人的劳动力供给行为。宏观层面的劳动力供给指的是一个国家或者一个地区的劳动力总体状况。一般来说包括劳动力供给的质量和数量,其中劳动力的质量主要体现为劳动力的素质(劳动者的心力、智力以及体力等)及劳动力效率(劳动者单位时间进行劳动的数量)。

(二)劳动力供给决策

劳动力供给依赖于劳动者的理性思考。劳动者在做出决策时的基本出发点是获得最大效用,效用价值的权衡主要建立在对投入劳动时间获得的物质收益和享受闲暇时间获得的精神收益,以及对耗时接受教育培训和在当前立即投入劳动获取收益所进行的比较之上。

劳动者个人或家庭的劳动力供给决策较为复杂,涉及多方面影响因素,既有经济因素,也有非经济因素。为便于分析,通常作出如下假设:(1)劳动者在劳动过程中追求自身效用实现的最大化;(2)劳动者的工作时间和闲暇时间总是有限的;(3)劳动者自身不能决定市场工资率,只能据此决定自己的劳动供给时间;(4)同一劳动市场的劳动人员是同质的。

以下通过工作—闲暇决策基本模型做深入分析。

该模型认为个人拥有一定的教育和工作经历使得他拥有一定的劳动技能,在有限的时间内,他必须在工作和闲暇之间做出选择来合理安排时间,使得自己获得的效用最大化。

劳动经济学原理显示,在个体无差异曲线和预算线相切时,劳动者自身的效用可以达到最大化,这是劳动者在有限时间的限制下,对劳动和闲暇时间的最佳分配决策(见图 2-1)。图 2-1 中,无差异曲线与预算约束线的最优组合点为 E 点。此时,劳动者闲暇时间为线段 OD,劳动时间为线段 DB,在市场工资率 W 的条件下,劳动者获得的货币收入为线段 OC。 在点 E,劳动者的效用达到了最大化,此时无差异曲线 I 的斜率(边际替代率 MRS_{RY})等于劳动者预算线的斜率。

$$MRS_{RY} = -\frac{\Delta Y}{\Delta R} = \frac{MU_R}{MU_Y}$$

ΔY:劳动者收入的增加量;ΔR:劳动者闲暇时间的减少量;MU_R:闲暇时间变动带来的效用变动;MU_Y:闲暇时间变动带来的

货币收入变动。

由于点 E 为切点,所以可得:

$$MRS_{RY} = \frac{MU_R}{MU_Y} = W$$

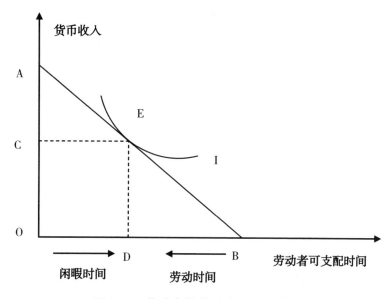

图 2-1　劳动者的劳动力供给决策

从图 2-1 可以看出,工资率与劳动力供给之间存在对应关系。工作—闲暇决策基本模型揭示了劳动者在一定的市场工资率下如何做出劳动供给的决策。当市场工资率发生变化时,预算约束线将随之变化,劳动者对其劳动供给的决策行为也会进行调整,重新寻找其可实现效用最大化的均衡点。这使得劳动者在不同的市场工资率水平下,都会有一个与之相对应的劳动供给时间,以实现其效用的最大化。

(三)影响劳动力供给的因素

如前所述,劳动力供给包括微观和宏观两个方面,由此,影响劳动力供给的因素也分为微观和宏观两个部分。

1. 微观因素

影响微观劳动力供给的因素除工资率外,还有个人财富、生命周期、家庭情况及个人偏好等。一是个人财富:个人财富增加时,个体倾向于降低劳动时间而增加闲暇时间。二是生命周期:在人的一生中,市场劳动力供给往往呈"倒 U 型",即青年和老年阶段的劳动力供给低于中年阶段。三是家庭情况:家庭中丈夫与妻子劳动力供给决策的确定具有一定的互补性。当丈夫的工资水平提高时,妻子往往会减少工作时间,从而减少劳动力供给。四是个人偏好:个人对劳动与闲暇的偏好有所不同,如果劳动者本身喜欢工作,希望发挥自己最大的价值,其会选择增加劳动时间和劳动供给。

2. 宏观因素

影响宏观劳动力供给数量的主要因素包括劳动力资源、劳动参与率等。一是劳动力资源:劳动力资源对一个国家和地区的总体劳动供给量体现为人口的年龄结构、性别结构、文化结构。一个地区的劳动年龄组的人口占比越高,能提供的劳动力供给量就越高;通常而言,男性的劳动产出较于女性更高,因而认为男性占比较高时劳动力供给量也越高;受教育程度越高的群体,其产出会更多,但限于受教育的时间长,也会使其能够提供劳动量的时间延长。二是劳动参与率:即使一个地区拥有很多的劳动力资源,但是在参与劳动的积极性和实际参与程度不高的情况下,劳动力供给数量也不会得到提升。

影响宏观劳动力供给质量的主要因素包括教育和培训、政策的导向机制等。一是教育和培训:劳动者人员素质越高,劳动生产效率就会越高。二是政策的导向机制:政府的支持政策,如降低受教育成本等,能够引导劳动者积极参与到教育和培训中。

二、劳动力需求理论

(一)劳动力需求及其特征

劳动力需求指的是雇主在一定时期内,在特定条件下愿意并且能够雇佣的员工数量。劳动力需求具有以下特征:

首先,劳动力需求具有派生性。雇主对劳动力数量和质量的需求不是由雇主自身根据主观意愿决定的,而是根据劳动生产效率和劳动者所参与生产的产品价格共同决定的。

其次,劳动者的需求数量是雇主出于利润最大化的考虑,对劳动者参与劳动后能取得的劳动收益和劳动者使用成本的比较而决定的。根据边际劳动生产率理论分析,雇主雇佣劳动力带来的经济收益大于雇佣劳动产生的成本。在现实生活中,如果其他生活要素不变,只有企业劳动力的投入变化,那么当企业的雇主增加边际劳动力时,劳动力的其他边际劳动收益必须远远大于其他的边际劳动成本,从而追求利润的最大化。

再次,劳动力需求是将雇主的意愿和能力相匹配的结果。雇主即使在生产扩大的情况下,试图增加劳动需求量,也即雇主有意愿增加劳动者,但是其企业并不具备扩大生产、雇佣更多劳动者的能力,也不能增加劳动力需求。因此,劳动力需求是意愿和能力相匹配的结果。

最后,劳动力需求具有联合性。生产要素包括的种类很多,通常是将劳动这种资源和其他生产要素相结合,以生产出相应的产品。即雇主在雇佣劳动者时,不是仅单独考虑劳动力的需求,同时需要考虑到其他的生产要素。除此之外,劳动者和劳动力市场是一种新的联合劳动需求,企业不仅要考虑劳动力市场需求状况,还需要考虑其他生产要素的劳动供求关系状况。

(二)劳动力需求行为

经济学基本原理显示,劳动力需求主要分为两类:一类是追求利润最大化的企业对劳动力的需求;另一类是追求效用最大化的家庭和政府部门等对劳动力的需求。以下主要分析企业对劳动力需求的影响。

经济学基本原理认为,企业生产分为短期生产和长期生产。在企业短期生产中,企业劳动投入量可变,而其他生产要素投入不变,企业产量变动通过劳动力投入的改变而改变;在企业长期生产中,企业各种关键要素的投入量都是可变的,包括劳动、资本等。因此,企业的产量变动要考虑劳动投入成本与其他要素投入的成本,通过成本对比来决定企业的劳动力需求量。

1. 完全竞争劳动力市场条件下企业短期劳动力需求

在完全竞争条件下,企业面临的劳动力供给曲线弹性无限大,说明企业面临的劳动力市场保持了均衡不变的工资率。从劳动力边际成本方面来看,企业雇佣劳动力的边际劳动成本指的是每增加一单位劳动力投入引起的企业成本的变化(通常用 MFC_L 表示)。在完全竞争的市场经济条件下,企业增加的总成本增量为向员工支付的工资 W,即:$MFC_L = W$。而通常来说,劳动力的边际收益受企业所处的产品市场结构影响,一般有两种情况:

第一种情况。当产品具有完全竞争性去满足市场上中小企业的劳动力需求时,企业产品的需求曲线是需求弹性价格为无穷大的一条直线。企业可以根据市场的均衡价格去出售他的商品。因此,企业出售产品得到的边际收益等于商品价格 P。企业通过增加劳动投入所获得的收益就等于劳动的边际产量 MP_L 与边际产品价格 P 的乘积,即边际产品价值为 VMP_L。也就是说,企业增加边际劳动投入所获得的商品边际价值,等于一个企业的边际劳动经济收益。为了实现利润最大化,企业雇佣劳动量需要根据以下条件确定:最后一单位劳动雇佣所带来的边际收益等于雇佣该劳动所支付的工资。即:

$$VMP_L = MP_L \times P = MFC_L = W$$

第二种情况。当企业处于不完全竞争的产品市场时,产品需求曲线为一条负斜率曲线。企业为了能够增加其产品的销售量就必须通过降低产品价格来实现。因此,企业每增加一单位的产品销售获得的边际产品收益值 MP 会远低于产品价格 P。而企业增加劳动生产投入所获得的边际收益取决于增加劳动的边际价值产量收益 MP_L 和产品边际收益产量 MR 的乘积,即 MRP_L。

从以上两种情形来看,无论企业处于哪种竞争条件,企业为了实现利润最大化都需要满足以下基本条件,即最后一个劳动力雇佣所带来的企业边际收益恰好等于再次雇佣该单位劳动时企业所支付的边际工资。即:

$$MRP_L = MP_L \times MR = MFC_L = W$$

2. 不完全竞争劳动力市场条件下企业短期劳动力需求

在不完全竞争市场条件下,企业所面临的市场劳动力供给需求曲线通常是一条正斜率的曲线。因此,企业需要增加劳动者支付的工资,才能增加劳动雇佣量。

在不完全竞争的企业劳动力资本市场中,企业通常按照边际要素成本 MFC_L 和边际收益产品 MRP_L 来确定劳动力雇佣需求。此时,劳动者可以获得的边际工资低于完全市场竞争条件下可以获得的边际工资平均率,雇佣的平均劳动力也低于完全竞争市场条件下的劳动力供应需求量(见图2-2)。

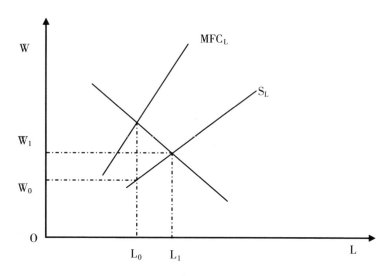

图 2-2　不完全竞争劳动力市场短期劳动需求

3. 企业长期劳动力需求

在企业长期工业生产中,企业的各种要素投入量都是可以改变的,所以企业在追求长期利润最大化时,需要对各生产要素的投入量比例进行综合调整,选择最优的方式。

根据劳动成本经济学的原理,如果一个企业的日常生产经营只使用长期固定资本和长期劳动力两种要素,那么企业的最优生产组合一般通过高产量产品线和低成本生产线来进行衡量。等价的产品增长线指的是劳动和其他资本两个要素的平均价格在不变的情况下,企业将预算进行直接购买得到的一定劳动量和其他资本要素量进行不同比例组合形成的成本曲线。

如果把等产量线与等成本线的组合点放在一起进行考察,可以发现每个生产要素之间的最优组合点分别是两线之间的切点 E,此时劳动投入量 E 为企业长期生产对劳动的最佳需求量(见图 2-3)。

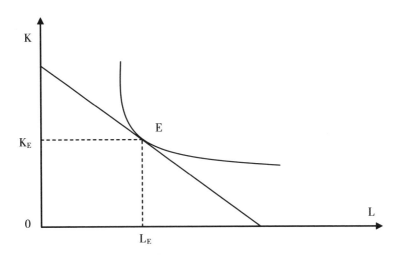

图 2-3　等产量线与等成本线对劳动力需求的决定

等产量线各点的斜率表示劳动力 L 对资本 K 的边际技术替代率 $MRTS_{LK}$。它是指在保持总产量不变的情况下,用劳动替代资本时,减少的资本投入量与增加的劳动投入量之间的比例。它反映一个单位劳动对资本的替代能力,其大小等于劳动的边际产量与资本的边际产量之比。用公式表示为:

$$MRTS_{LK} = -\frac{\Delta K}{\Delta L} = \frac{MP_L}{MP_K}$$

ΔL:劳动投入的增加量;ΔK:资本投入的减少量;MP_L:劳动力变动带来的产量变动;MP_K:资本变动带来的产量变动。

当企业实现最优的生产要素组合时,$MRTS_{LK}$ 与等成本线的斜率 w 相等。由此,企业长期生产的最优选择须满足以下条件:

$$MRTS_{LK} = \frac{MP_L}{MP_K} = \frac{w}{r}$$

(三)影响劳动力需求的因素

根据以上分析,不论是长期还是短期影响劳动力需求的因素

33

都对企业有着重要作用,具体分为宏观和微观两个方面。

1. 宏观因素

影响宏观劳动力需求的主要因素包括社会生产规模、社会经济结构、科技进步程度、制度因素等。一是社会生产规模:一般来讲,社会生产规模越大,吸收和容纳的劳动力越多;反之,亦然。二是社会经济结构:不同的产业结构和所有制结构对劳动力需求具有不同的影响。三是科技进步程度:具有双重影响。一方面,科技进步引起劳动生产率和资本有机构成提高,对劳动力具有排斥作用;另一方面,科技进步会促进劳动力需求的增加。四是制度因素:包括国家就业制度、用人制度、社会福利制度、社会意识形态、习惯等。

2. 微观因素

影响微观劳动力需求的主要因素包括企业的生产规模、企业利润率、技术与管理水平等。一是企业的生产规模:生产经营规模越大,劳动力需求越多。二是企业利润率:企业的雇佣规模以获取利润最大化为准则。当边际劳动生产率为正时,企业会增加劳动力需求;反之,会减少劳动力需求。三是技术与管理水平:企业技术状况的改进与管理水平的提高,使企业对有创造力的高级人员的需求量增加,同时也会促进企业经济效益的提高、生产规模的扩大,从而增加对劳动力的需求。

第三节　区域人才流动理论

关于人才流动理论的研究已有很长的历史,发展至今已取得丰硕的成果。现有学者多从个人、组织、区域三个层面对人才流动进行系统论证,本节主要阐述区域人才流动的含义、相关经典理论及影响因素。

一、区域人才流动的含义

人才流动是指人才在不同岗位、组织、行业、地区和国家之间的一种流动或转换的行为,包括人才外流和人才内流。本研究中所指的区域人才流动是人才在省际流动。由于人才具备的高智力性、专业性、创新性和稀缺性等特征,其产生的流动往往能带来积极的正面效应,例如激发人才的潜能、保持组织的活力、提升产业集聚水平、促进知识和技术的扩散、推动人才流入地的经济增长等。

二、相关经典理论

(一)推拉理论

该理论源自于19世纪末英国著名的雷文斯坦(E.Ravenstein)"迁移定律"。该定律总结了人口迁移的结构、空间与机制,指出人们进行迁移是为了改善自身的经济状况,进而提出了人口迁移的七大定律:一是以经济动机发生流动为主;二是流动以短距离为主,长距离的流动通常以大的工商业中心为目的;三是流入与流出同时并存;四是流动通常是阶段性的;五是城镇人口的流动活性比乡村人口低,乡村人口更偏好流动;六是流动存在性别差异;七是交通、通信和技术因素会提高流动率。

在雷文斯坦研究的基础上,博格(D.J.Bague)等学者提出并发展了人口推拉理论,该理论认为劳动力流动就是原部门之推力与目的部门之拉力相互作用的结果。推拉理论有两个基本假设前提:一是假设迁移行为是理性选择;二是了解原住地与目的地的相关信息。从动力学的观点看,劳动力流动是两种不同方向的力相互作用的最终结果,一种是促使劳动力流动的推力因素,如:较低的工资收入、生产成本的增加、劳动力过多引起的失业、社会与自然环境不利等;另一种是阻碍劳动力流动的拉力因素,如:较高的经济收入、较好的受教育机会、较多的就业机会、较完善的公共设施和便利的交通条件、较舒适的自然环境等。综合起来,当推力大于拉力时,劳动力便流出;拉力大于推力时,劳动力便流入。

(二)配第—克拉克定律

该理论也称为"三次产业划分"理论,是英国经济学家科林·克拉克(C.Clark)在继承前人研究成果的基础上于20世纪40年代提出的。科林·克拉克提出了人力和人才资源在不同产业间的分布变化是按照三次产业阶梯状分布与转移的规律,该规律已得到世界发达国家历史演变的证明。具体为:人力、人才资源在第一产业所占比重不断降低;在第二产业所占比重不断上升;在第三产业所占比重终将超过第一、第二产业。

这种人才资源向能够获得更高收入部门移动的规律,正是由于不同行业间的相对收入差距导致的,因而形成人才资源因收入分配问题而在第一、第二、第三产业间分布呈现梯次变化的规律。

(三)库兹涅茨的选择性理论

1958年,库兹涅茨(S.S.Kuznets)从经济发展和人才内部流动的相互作用角度论述了人才流动的选择问题。这一理论能够从宏观角度解释人才流动趋势的变化。该理论首先假设人才群体是喜好风险的群体,这一群体具备足够的能力和素质与过去所处的环境进行快速分离,并且能够迅速地适应和融入到新的环境中。因此,当出现更好的经济发展环境及个人收入诱惑时,这一群体便选择流动到经济增长的中心。人才群体的涌入促进了经济的持续增长,进而不断吸引人才选择流入该区域。这一理论很好地解释了工作移民这一群体,同时较好地阐释了人才集聚和经济发展的内在作用机理。根据库兹涅茨的理论,这种由经济发展和人才相互作用所催生的自发流动模式是最为有效的。当然由于假设条件的局限,该理论还存在一定的缺陷,后继研究者曾引入人口无限性概念对其进行过修正和完善。

三、区域人才流动的影响因素

从已有的相关研究来看,区域内的宏观因素对人才的流动有着重要影响,各地间在经济、政治、教育、科技、文化和生活等方面的非均衡性会促使人才发生流动。为此,可以主要从经济发展水平、收入水平、产业结构、国家宏观政策、科研环境、教育环境、生活便利度等七个方面对区域人才流动的影响因素展开分析。

一是经济发展水平:从总体上看,区域人才大多是由经济欠发达地区向经济发达地区进行流动,人才流动与地方经济发展水平紧密相关。

二是收入水平:人才个体倾向于向收入水平较高的发达地区流动,较高的工资收入不仅可以改善人才的生活条件,而且同时满足了人才实现自我价值的需求。

三是产业结构:各地产业结构的不断调整和优化,以及新型的高新技术产业、现代服务业等的迅速发展壮大,都会对人才的能力、规格和层次产生新的需求,进而促进人才在不同产业间的转移。

四是国家宏观政策:如改革开放后国家陆续出台的促进劳动力流动的户籍政策,极大地刺激了城乡之间的劳动力流动,形成"人力资本迁移与流动潮",国家户籍政策对人才流动会产生直接的影响。

五是科研环境:良好的科研环境有利于人才科研活动的开展和潜能的发挥,各地科研环境的差异会对人才的流动产生重要影响。

六是教育环境:良好的教育环境一方面有利于当地人才的培养和发展,另一方面则通过优质的教育资源、进修机会等吸引外地人才流入。

七是生活便利度:包括交通状况、市政设施、商业服务、文体设施和医疗卫生等,较高的生活便利度可以改善居民的生活质量,对人才产生较强的吸引力。

第四节　协同理论

协同理论(synergetics)亦称"协同学",是20世纪70年代以来在多学科研究基础上逐渐形成和发展起来的一门新兴学科,是系统科学的重要分支理论。德国斯图加特大学教授、著名物理学家哈肯(Hermann Haken)是该理论的创立者,他1971年提出协同的概念,1976年系统论述了协同理论,并发表《协同学》,还著有《高级协同学》等著作。20世纪80年代,协同理论引入到我国,初期应用于自然科学领域,后被经济学家引入社会科学研究领域,21世纪初,逐步应用到区域经济发展研究。

基于协同理论的区域经济发展研究更加正视区域间的差异,充分考虑区域间发展的不平衡性,在此前提下强调协调地区之间、部门之间相互关系的重要性,以实现区域战略层面的经济发展目标,最终形成一个包含行为主体、要素流动、资源禀赋、产业分工协调等多方面内容的复杂系统。

一、协同的内涵

协同是协同理论中最基本的概念,指的是复杂系统中各关联的子系统之间非线性的相互协调、相互合作、相互竞争等行为(协同行为)。

在协同行为作用下系统产生协同效应,即当所产生的效应经量变达到临界点时会发生质变,通过系统的自发组织,推动整个系统由自发走向有序状态。当然,在协同行为作用下系统也存在另一种趋势,即因各子系统的无序运动,导致整个系统走向无序状态。

可见,协同的概念主要用于描述远离平衡态的开放系统在与外界有物质或能量交换的情境下,是如何通过各子系统的协同作用,自发地实现在时间、空间和功能上的有序结构的。

二、协同理论的主要内容

一般认为,协同理论是研究开放系统内部各子系统之间通过非线性的相互作用产生协同效应,使系统从混沌状态向有序状态、从低级有序向高级有序,以及从有序又转化为混沌的具体机理和共同规律的一种综合性理论。

就区域协同而言,协同理论主要包括三个层面:一是系统内部的序参量对宏观系统具有决定作用,需要找准关键序参量;二是序参量的自组织相互合作与配合,推动宏观系统或组织向有序化过程演变;三是有序化的演变会产生协同效应,从而使整体效应大于各个部门功能之和。

协同理论的主要内容概括如下。

(一)所有的社会系统都是开放系统

一般而言,系统可以划分为孤立系统、封闭系统和开放系统三类。开放系统是指与外界环境有物质、能量和信息交换的系统。根据普利高津的解释,所有的社会系统都是开放系统。

在开放系统中,系统和环境之间可以有物质、能量和信息的交换,系统的熵不再仅仅由系统的自身能量做功来决定,而且还取决于环境对系统的输入。在这种情况下,熵具有可加性,即系统的总熵是系统自身能量做功产生的熵与环境输入的能量(负熵)之和。由此,开放系统的熵不再是单调增加,而是既可能增加,也可能不变,还可能减少。也即只有开放系统才有可能实现由非平衡态向平衡态的跃升,从而实现从无序到有序的转变。

(二)内在性与自发性是自组织的基本特征

自组织系统是指在与环境相互作用的条件下,通过自身的演化使其由非平衡态向平衡态跃升,从而能够形成新的结构和功能的系统。每个自组织系统由一系列自组织系统构成层状结构,层层嵌套。即每一个自组织系统都处于某一层次上,既从属于高层自组织系统,也包含低层自组织系统,且在同一层次上与其他自组织系统相互作用。

自组织是相对于他组织而言的。他组织是指组织指令和组织能力来自系统外部,而自组织则指在缺乏外部指令干预的条件下,系统内部各要素会遵循某种规则与秩序自发形成有序的结构和功能,并且通过内部的信息与物质等的交换强化此种有序的演化过程,因而具有内在性与自发性特征。

自组织原理揭示了在一定的外部能量流、信息流和物质流输入的条件下,系统会通过大量子系统之间的协同作用而在时间、空间或功能上形成新的有序结构。

(三)协同效应因协同作用产生

协同效应是因协同作用而产生的结果。具体是指在开放的复杂非平衡系统状态下,各子系统沿着某种有序或无序的态势游走,当量变临近质变临界点时,处于有序状态的有序子系统为了适应新的环境与能量变化就会主动聚集,相互配合,形成整体,从而产生"1+1>2"的协同效应。而另一部分处于无序状态的子系统则走向土崩瓦解,丧失整体性效应。

无论在自然系统还是在社会系统,各要素或各系统有序、稳定动态平衡的达成,都得益于协同效应,且具有如下规定性。

第一,系统整体性是系统内部各个子系统相互作用、相互协同的重要引导。系统内部子系统协同的最终目的是实现系统的目标,没有目标的引导,子系统的相互作用和协同也就失去了方向,即使形成了有序的结构,也未必是系统所期望的或者有价值的结构(尽管这种有序或许也有其一定的价值)。

第二,系统内各子系统之间的关联性是产生协同作用的基础。这种关联的强度有强有弱,只有那些强关联性才可能最终对系统的行为产生主导作用。如果子系统较多,那么子系统之间的关联性就会比较复杂,但是无论怎样,那些影响系统有序结构的关联性集合一定满足系统目标的整体要求。

第三,子系统之间的协同性并不是一成不变的。在系统目标的引导下,子系统之间的协同性处于一种动态调整的状态,以满足系统整体目标实现的需要。在一个开放系统中,系统会受到环境的影响,在系统整体目标的引导下,各个子系统之间通过不断调整相互作用,形成新的协同作用来保障系统整体目标的实现。由此决定了各子系统之间协同性动态特征的绝对性和静止不变的相对性。

第四,系统中各子系统之间并不是只存在协同作用,相互之间的竞争也是时刻存在的。对于一个系统来说,子系统之间的竞争和协同是一个对立统一的整体,缺一不可。失去竞争的系统会缺乏发展的活力,失去协同的系统可能将不复存在。竞争体现为子系统之间的相互制约(这也是子系统关联性的一种表现方式),竞争促进子系统为了适应系统发展的需要而进行的自我调整,进而产生新的协同。系统就是这样在不断的竞争、协同、再竞争、再协同的不断循环中获得发展的。

(四)序参量对系统协同起关键作用

序参量对系统的协同化趋势起着关键的作用,是系统由无序状态走向有序状态的参照标准。协同理论认为,组织系统内部的序参量能否通过"自组织"形式,发挥自身的关键作用,引导组织系统实现协同效应,主要取决于组织系统内部的各个子系统能否形成相互协同的关系,增加彼此"临界值"的累积。

序参量(order parameter)是表示特定系统内部有序程度的一个参数。系统由于自身的对称破缺,加上某些偶然性的作用,会在某些节点上出现一些占主导性的内部力量,这个力量是系统内部各种力量失去旧的平衡以后,暂时拥有决定能力的力量。通过这类力量的作用,系统会发生相变,最终完成新的自组织过程,达到新的平衡状态。序参量是系统内部最小的组成单元,其产生不受外界的强制干扰,由系统中的自组织产生。在系统相变点处的变量有慢变量和快变量之分。慢变量又称为慢弛豫变量,即序变量,由于它具有数量相对较少、在相变临界点阻力大、衰退速度较慢、影响较长远等特性,因此在系统相变过程中起决定性作用。快变量又称为快弛豫变量,由于它具有数量较多、在相变临界点阻力小、衰减速度快、影响力小的特性,因此在系统相变过程中需要服从于序变量,难以占据主导地位。

可见,序参量控制和描述着各种系统和现象从无序向有序状态转变的规律与特征。因此,要想实现组织的协同运作,形成一定的协同效应,就要充分发挥组织系统中"序参量"对整个组织系统的支配性作用。即只有在"序参量"的操控下,组织系统的其他组成部分才能以实现协同效应为指导,增加自身的"临界值",组织系统才能从混乱无序的状态走向协同发展的有序状态。

三、协同理论的应用

协同理论以现代科学的最新成果——系统论、信息论、控制论、突变论等为基础,同时吸取耗散结构理论的思想精华,运用统计学和动力学研究方法,通过对不同领域的广泛分析,提出多维相空间理论,建立起一整套的数学模型和处理方案。

协同理论具有非常广阔的应用范围,它在物理学、化学、生物学、天文学、经济学、社会学以及管理科学等许多方面都取得了重要的应用成果。如协同理论应用于生物群体关系研究,将物种间的关系分成三种情况:竞争关系、捕食关系、共生关系,提出每种关系都必须使各种生物因子保持协调消长和动态平衡才能适应环境而生存的结论。再如协同理论应用于生物形态学,提出形态形成的基本途径是通过某些化学物质的扩散与反应形成一种"形态源场",由"形态源场"支配基因引起细胞分化而形成生物机体的结论。

协同理论强调不同系统之间的类似,试图以远离热动平衡的物理系统或化学系统来类比和处理生物系统和社会系统,协同理论除设计了许多物理、化学的模型外,还设计了许多生灭过程、生态群体网络和社会现象模型。如"社会舆论模型""生态群体模型""经络模型""人口动力模型""捕食者—被捕食者系统模型""形态形成模型"等。协同理论还探讨人的大脑中化学图样的形成和求知过程与脑细胞之间的联系模型等。

协同理论建立在多学科联系的基础之上(如动力系统理论和统计物理学之间的联系),与许多学科的发展紧密相关,且正在形成自己的跨学科框架。协同理论认为,千差万别的系统,尽管其属性不同,但在整个环境中,各个系统间存在着相互影响而又相互合作的关系。其中也包括通常的社会现象,如不同单位间的相互配合与协作,部门间关系的协调,企业间相互竞争的作用,以及系统中的相互干扰和制约等。协同理论可以研究从自然界到人类社会各种系统的发展演变,探讨其演变所遵守的共同规律。

总之,应用协同理论思想,可以把已经取得的研究成果,类比拓宽于其他学科,为探索未知领域提供有效的手段,还可以用于找出影响系统变化的各类内在和外在的系列因素,进而更好地发挥系统内子系统间的协同作用。

第五节　共享经济理论

共享经济是现时代提及较多的热词,作为一种新型的消费模式呈现快速发展的态势,"使用但不占有"成为共享经济最简洁、形象的表达。

共享经济最早由美国得克萨斯州立大学社会学教授马科斯·费尔逊(Marcus Felson)和伊利诺伊大学社会学教授琼斯·潘思(Joe L.Spaeth)于1978年发表的论文 *Community Structure and Collaborative Consumption:A Routine Activity Approach* 中提出。共享经济通过对共享资源特别是闲置资源的再利用,解决了诸如产能过剩、城市拥堵、大众就业、环境污染、生态破坏、社会公平等诸多可持续发展问题,具有重要的经济、生态和社会价值。在共享经济中,一般会包括一个由第三方创建的、以信息技术为基础的市场平台,这个第三方可以是商业机构,也可以是其他社会组织或者政府。一系列个体借助这些平台,交换闲置资源,分享自己的知识、经验,或者向企业、某个创新项目筹集资金等。

本节主要就共享经济的内涵、构成要素、基本特征及其产生的影响作系统阐述。

一、共享经济的内涵

共享经济的雏形发端于国外,最早可追溯到 Felson & Spaeth(1978)所提及的协同消费理念。Weitzman(1986)首次提出分享经济的概念,即"与一个或多个人共同消费经济产品或服务"。随着互联网技术的发展,学者们进一步将协同消费构建为组织、交换、借用、交易、租用、赠礼、互换等多种交易形式的体系,并正式提出"共享经济"概念。

迄今,在对共享经济概念的理解上还需完善。之所以存在定义上的困难,其源于对共享与分享、共享与共享经济之间关系的理解。Price(1975)、Belk(2010)认为是否获得经济收益是共享与共享经济之间最大的区别。根据何超等(2018)的研究以及《韩国分享经济政策报告(2016)》的研究,共享和共享经济不可一概而论,共享是一种不计回报、非互惠的非经济行为,因而在商业性服务中使用这类单词不够准确。陈宪(2016)也得出了相似的结论,认为共享和共享经济是两个概念,前者讲制度变革,后者是利用技术变革形成商业模式,同时共享经济虽以经济收益为核心,但也存在公益这一非核心的内容。

现有研究普遍采用《中国共享经济发展指南(2017)》对共享经济的定义,即从经济形态的角度认为共享经济主要是指利用网络信息技术,通过平台将分散资源进行优化配置,提高利用效率的新型经济形态。在这一经济形态下,拥有闲置资源的机构或个人有偿让渡资源使用权给他人,让渡者可以获取回报,分享者通过分享闲置资源创造价值。

共享经济是一种优化资源配置、实现社会高效治理的新经济模式,是基于互联网等现代信息技术支撑,由资源供给方通过技术平台将暂时闲置的资源(或技能服务),有偿提供给资源的需求方使用,需求方获得资源的使用权(或享受服务),而供给方获得相应报酬的市场化资源配置模式。在这一模式下,通过技术平台的整合,能够使资源得到最优配置,实现"物尽其用"和"按需分配",达到供求双方收益的最大化。

共享经济的实现需要有先决条件。一是基于互联网、物联网、大数据、云计算、人工智能等技术支撑,需要以广泛的数据应用为基础;二是需要通过共享实现海量、分散、闲置资源的优化配置;三是需要通过网络市场化方式,高效提供社会服务,满足多样化的社会需求。

二、共享经济的构成要素

共享经济由三类不可或缺的要素构成:资源供给方和需求方、交易平台、被交易的资源。

(一)供给方和需求方

供给方通过平台提供过剩产能或闲置资源,以资源共享的方式实现效益增加;需求方则通过平台提交产品或服务使用需求,并付出某种形式的报酬,以达成自身意愿。共享经济的核心就是通过将供给方的闲置资源频繁易手,重复性转让给需求方使用,从而形成"网络串联"分享模式将浪费的资产利用起来,进而提升现有物品的使用效率,有效地利用资源,实现个体福利提升和社会整体的可持续发展。

(二)交易平台

因为网络打破了常规的经济秩序和市场秩序,提供了更加灵活的共享通道,改变了传统的工作方式和生活方式;而依托互联网大数据的交易平台极大降低了交易成本,实现了资源的高效匹配。因此,平台成为共享经济交易流程的中心要素。一方面,平台通过连接和组织交易替代传统模式中的产品生产来创造价值,创造强大的网络效应;另一方面,平台通过提供充足的市场、有效且低廉的搜索,建立匹配和信任机制来实现供给方和需求方的共享对接。

(三)被交易的资源

未被充分利用的资源是共享经济商业模式的必要组成部分,对于这些资源的重新分配与利用(交易)是共享经济的内在要求。被交易的资源包括有形资源和无形资源。有形资源指的是各类现实物质商品和闲置资源,而无形资源则是指各类服务。只要有需求,一切皆资源。在市场经济和信息技术有效结合的前提背景下,资源的价值被进一步放大,资源价值也将得到最充分的利用。

三、共享经济的基本特征

(一)共享经济具有开阔的吸纳性

互联网技术的发展不受人员规模、空间的限制,以其为基础的共享经济也因此具有了更加广泛的吸纳性特征。一般而言,平台规模越大,吸纳的用户就越多;平台通过用户反馈或口口相传等方式不断扩大用户范围,增加平台使用频率,进而形成良性循环。另从平台发展的趋势来看,进出平台的条件和标准不断降低,用户可以更为自由地在平台之间切换,平台的竞争力和活跃度大为提升。

（二）共享经济具有丰富的包容性

对于传统商业模式而言，企业与企业之间没有过多的联系，有些企业之间还存在激烈的竞争关系，难以互相合作，且其客户群体也存在排他性。相反，在共享经济模式下，因互联网本身的外延性较强，不同领域、不同规模、不同层次平台之间的融通性、包容性较好。因此，平台与平台之间可以实现更多资源的共享，互相辅助，互相补充。一方面克服单个平台的局限性和孤立性；另一方面实现平台与平台之间的顺畅对接，使平台外延更广阔、内容更丰富。

（三）共享经济具有广泛的融合性

互联网平台消除了时间与空间上的界限，为市场提供了更为广泛的商业融合。企业之间的合作由原来的产业链合作转化为价值链合作，平台间以价值趋同为核心，对原有资源进行重新整合。网络平台将各个层级、各个领域、各个行业的优质高效资源融合在一起，在加强相互之间合作的同时，拓宽了平台的整体外延，让共享经济在更广阔的范围内发展革新。

（四）共享经济具有迅捷的灵活性

由于共享经济以互联网和云计算等现代信息技术为依托，因此可以更迅速、更快捷地对市场现状进行分析和判断，以了解经营范围内市场的现实需求。在现代社会，对于市场的研判和对于需求的掌控是企业立足于市场的先决条件。而针对需求在第一时间做出迅速的反应与应对则是企业超越其他竞争对手的重要因素。共享经济之所以能够得到迅速的发展和壮大，一个重要的原因就在于它可以根据市场需求的变化而快速调整自己所经营的商品或服务，在瞬息万变的市场环境中以最快的速度做出反馈，无论在时间成本上还是在经营成本上都占据优势。

四、共享经济对劳动关系的影响

（一）共享经济促使用工契约虚拟化

共享经济的产生与发展依赖于互联网技术的迅猛发展。网络的科技性、便捷性、自由性使传统劳动关系的重要特征"组织性"越来越弱化。越来越多的用工形式体现出液态式的流动性特征，即用工不再像传统劳动关系那样被固定化，而是展现为多种契约形态和组织形式。在传统劳动关系中，劳动者与用人单位之间以签订书面劳动合同作为劳动契约形成的主要表现形式，随着劳动关系的不断发展和劳动权益的强化保护，劳动关系的判定逐渐以存在事实劳动关系作为基准而弱化劳动合同的形式要件。共享经济条件下新的用工形式将再一次冲击劳动契约的形成方式，促使用工契约走向虚拟化。

（二）共享经济促使组织形式平台化

在传统劳动关系中，劳动者在相对固定的时间、场所内工作，自然而然形成相对稳定的组织体。劳动者之间彼此熟识，共同构建起特定的工作场景和工作模式，通过用人单位的工作任务分派而实现工作内容的完成。在共享经济模式下，这种传统的生产经营用工方式发生了质的变化。网络平台通过使用网络技术搭建起以数据传输为核心的任务匹配模式，省去了人为的干预和管理环节。原本劳动关系中人与人的交流沟通转变为数据与数据的交换、信息与信息的比对，不仅在经营模式上带来巨大的改变，而且在用工的组织形式上也带来巨大的挑战。

（三）共享经济促使用工形式自由化

传统劳动关系建立的一般方式是通过用人单位制定岗位需求、发布招聘公告、选聘录用人员等程序，通过层层筛选最终订立劳动合同，形成劳动关系。共享经济下的用工由于具有强大的网络技术和信息数据支撑,其用工形式有别于传统的劳动关系。即用工关系不再像传统劳动关系那样被固化,换言之,在提升用工自由度的同时稳定性大幅降低,用工的不确定性增强,也即摆脱了传统劳动关系下劳动者对于用人单位的强烈依附性,而呈现出劳资关系的自由化。

(四)共享经济促使用工关系多元化

网络平台提供的服务内容不同,则其与共享人之间的用工关系也不尽相同。目前诸如常见的快递员、外卖骑手、网约司机、网络主播、网约厨师等,可以说每一个行业和领域都有自己不同的用工要求和用工方式。网络平台与共享人之间的用工关系并非局限于一种固定的关系。这种关系有可能是劳动关系、劳务关系,也可能是上述关系的交叉与结合。用工形式的多样化也随之带来用工关系定性上的困难。随着共享经济的发展,劳资双方在用工状态的锁定上早已摆脱了"雇主—雇员"二元从属的束缚,而向更契合客户需求、更符合行业需要、更贴近供需关系的方向发展。

第三章　京津冀人才发展状况

本章根据京津冀的现实情况,对三地人才发展状况进行对比分析。首先,从京津冀三地人才基本情况、科技人才情况以及人才政策体系建设情况三个层面概括京津冀人才基本状况。其次,分析京津冀人才合作的历程、取得的成效和存在的问题。最后,基于河北省视角,重点分析河北省人才发展及人才工作的状况。

第一节　京津冀人才状况

一、京津冀人才基本状况

第七次全国人口普查数据显示,京津冀现有常住人口 1.1 亿人(北京 2189.3 万人,天津 1386.6 万人,河北 7461.0 万人)。截至 2017 年底,京津冀地区各类人才资源总量 1940 多万人,占全国人才资源总量的 12.3%,区域人才密度①为 0.69%。区域内汇集了全国 1/4 以上的高等院校,1/2 以上的两院院士和近 3/4 的中央研发机构,相较于全国其他区域,京津冀地区是现有人才和智力资源最密集的区域。

(一)人才资源数量和结构

京津冀人才资源区域优势虽然较为明显,但是三地人才资源的数量和结构分布并不均衡。

---

① 人才密度即人才资源的人口密度,是指在一定区域或本系统内,人才资源在人口资源中所占的比重。

51

从人才资源总量情况看,截至 2019 年底,京津冀三地共有从业人口 8026.5 万人,各类人才资源总量 2240 多万人,占全国人才资源总量的 11.8%,其中北京市人才占从业人口的比例为 53.24%,天津市为 30.76%,河北省为 12.94%。北京市无论是人才资源总量还是人才密度均远高于津冀。①

从人才队伍分布情况看,截至 2019 年底,专业技术人才北京为 363.8 万人,天津为 270 万人,河北为 218 万人;高技能人才北京为 112.27 万人,天津为 81 万人,河北为 172 万人(见图 3-1)。

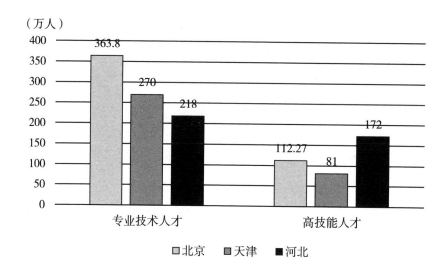

图 3-1　京津冀专业技术人才、高技能人才数量对比图

资料来源:依据三地统计年鉴整理。

从高层次人才分布情况看,截至 2019 年底,两院院士北京为 844 人,天津为 38 人,河北为 19 人;长江学者北京为 233 人,天津为 26 人,河北为 3 人;国家杰出青年科学基金获得者北京为 367

---

① 2019 年京津冀从业人员总量来自《中国统计年鉴 2020》;2019 年京津冀人才资源总量以历年三地 GDP 变化与从业人员变化为基础经综合测算得出。

人,天津为 39 人,河北为 12 人。

（二）人才资源平台情况

人才资源平台是人才培养、流动、应用和评价的重要平台。

从人才培养平台情况看,截至 2020 年底,211 大学北京有 26 所,天津有 3 所,河北有 1 所;博士后科研工作站北京有 442 个,天津有 275 个,河北有 105 个;博士后科研流动站北京有 52 个,天津有 84 个,河北有 58 个;技工院校北京有 27 所,天津有 21 所,河北有 181 所;国家级高技能人才培养基地北京有 127 个,天津有 18 个,河北有 30 个。

从人才评价平台分布情况看,职业技能鉴定机构北京有 28 个,天津有 128 个,河北有 12 个。

从高层次人才创新创业平台情况看,留学人员创业园北京有 32 个,天津有 3 个,河北有 7 个。

京津冀三地人才资源平台具体对比情况见表 3-1。

表 3-1 京津冀人才资源平台情况对比表

单位:个

人才资源平台	比较项目	北京	天津	河北
人才培养平台	211 大学	26	3	1
	博士后科研工作站	442	275	105
	博士后科研流动站	52	84	58
	技工院校	27	21	181
	国家级高技能人才培养基地	127	18	30
人才评价平台	职业技能鉴定机构	28	128	12
高层次人才创新创业平台	留学人员创业园	32	3	7

资料来源:依据三地统计年鉴整理。

（三）人才资源薪酬情况

工资薪酬待遇是吸引人才和激励人才的重要手段。根据《中国统计年鉴2020》数据统计显示,2019年京津冀三地国有单位的平均工资,北京为189849元、天津为136864元、河北为74806元,三地间的比例是2.54∶1.83∶1;城镇集体单位平均工资,北京为68765元、天津为49819元、河北为47914元,三地间的比例是1.43∶1.04∶1;其他单位平均工资,北京为162770元、天津为99969元、河北为72420元,三地间的比例是2.25∶1.38∶1（见表3-2）。

以上数据显示,京津之间人才薪酬待遇虽存在一定差距,但相对较小;河北与京津间人才薪酬待遇差距相对较大,尤其是在城镇非私营单位从业人员薪酬待遇指标上,差距尤为明显。

表3-2　2019年全国与京津冀三地城镇非私营
单位从业人员平均工资对比表

单位:元

比较项目	全国	北京	天津	河北
国有单位平均工资	98899	189849	136864	74806
城镇集体单位平均工资	62612	68765	49819	47914
其他单位平均工资	87195	162770	99969	72420

资料来源:《中国统计年鉴2020》。

二、京津冀科技人才状况

一般意义上的科技人才是指,具备创新精神,有知识和能力,能够充分发挥自身创新精神去进行创造性活动的科学技术人员。与一般人才相比,科技人才突出的特征在于其创新精神和创造性活动。从企业角度解释,科技人才则是指在企业科技活动中具备创新精神,并取得创造性工作成果,有利于个人、企业和社会三者协调发展的人才。

(一)科技人才规模

从科技人才总体存量角度出发,本研究选取 2014—2019 年京津冀三地 R&D(研究与试验发展)人员全时当量①这一指标,以此反映当前京津冀三地科技人才的存量情况(见表 3-3)。

表 3-3　京津冀 R&D 人员全时当量统计表

单位:万人年

R&D 人员全时当量					
地区	北京		天津		河北	
项目	R&D 人员全时当量	相比上年	R&D 人员全时当量	相比上年	R&D 人员全时当量	相比上年
2014 年	24.5	0.3	11.3	1.3	10.1	1.1
2015 年	24.6	0.1	12.4	1.1	10.7	0.6
2016 年	25.3	0.7	11.9	−0.5	11.1	0.4
2017 年	27.0	1.7	10.3	−1.6	11.3	0.2
2018 年	26.7	−0.3	9.9	−0.4	10.3	−1.0
2019 年	31.4	4.7	9.2	−0.7	11.1	0.8

资料来源:根据 2015—2020 年《中国科技统计年鉴》计算所得。

根据表 3-3 可知,京津冀三地 R&D 人员全时当量北京市最高;河北省于 2017 年起超过天津市,且呈稳步上升趋势;天津市自身 R&D 人员全时当量有所下降。北京市作为中国的科技创新高地,当地的 R&D 人员全时当量保持稳定性增长势头,充分凸显人

---

① R&D 人员全时当量是国际上通用的、用于比较科技人力投入的指标,是指 R&D 全时人员(全年从事 R&D 活动累积工作时间占全部工作时间的 90% 及以上人员)工作量与非全时人员按实际工作时间折算的工作量之和。

才高地的集聚效应。天津市 R&D 人员全时当量下降可能源于天津市产业结构的调整,此问题已受到天津市政府高度重视,2018年天津市制定人才引进政策取得一定效果,科技人才总量当年降低量明显低于 2017 年。河北省 R&D 人员全时当量虽保持基本稳定,但为应对产业转型升级,还需要通过人才政策激发内部科技人员热情,进一步加大吸引外部人才流入的力度。

(二)科技人才结构

从科技人才的学历结构分布及增长幅度看,2017 年北京地区 R&D 人员中博士毕业有 75091 人,较 2013 年增长了 15023 人,增幅约为 25%;硕士毕业有 85941 人,较 2013 年增长了 9416 人,增幅约为 12%;本科毕业有 175468 人,较 2013 年增长了 94079 人,增加一倍多。天津地区 R&D 人员中博士毕业有 10710 人,较 2013年增长了 2112 人,增幅约为 25%;硕士毕业有 21394 人,较 2013年增长了 1919 人,增幅为 10%。河北省 R&D 人员中博士毕业7407 人,较 2013 年增长了 3409 人,增幅为 85%;硕士毕业为29995 人,较 2013 年增长了 11775 人,增幅为 65%;本科毕业为85542 人,较 2013 年增长了 41087 人,增幅为 92%(见图 3-2)。以上数据显示,近年来京津冀三地不同学历科技人才都有不同程度的增长,其中河北省的增长幅度最大,尽管如此,从人才结构总量上来看,津冀与北京还是存在不小的差距。

从科技人才活动领域分布角度看,京津冀区域间科技资源与发展定位不同,地区间科技人才工作侧重点也各不相同。数据显示,京津冀三地科技人员均以参与试验发展最多,其次是应用研究,再次为基础研究(见表 3-4)。这一分布情况基本体现了科技人才活动领域的分布规律:北京市作为我国科技创新高地,相较天津、河北属于技术输出中心,更为重视基础研究与应用研究;天津

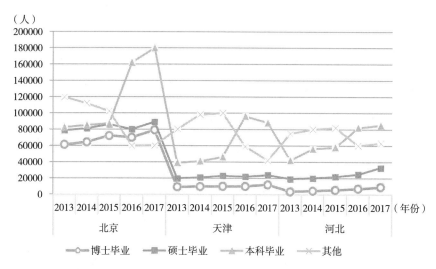

（人）

图 3-2 京津冀科技人才学历分布图

资料来源：根据 2014—2018 年《中国科技统计年鉴》计算所得。

市在承接北京技术的同时,积极发展高新技术,培养自主创新能力,具有一定的基础研究与应用研究能力;河北省科技人才主要分布于不同行业技术的试验发展领域,与京津技术产业项目承接程度比较低,自主创新能力较弱,科技人才主要集中在试验发展领域。

表 3-4 2017—2019 年京津冀科技人才活动分布情况表

单位:人

地区 年份 项目	北京			天津			河北		
	2017	2018	2019	2017	2018	2019	2017	2018	2019
基础研究	47429	50048	63478	7438	6175	9518	5973	5751	7061
应用研究	70539	70880	92521	16182	13162	14509	15434	19399	22415
试验发展	151874	146431	158059	79467	80154	68481	91785	78126	82327

资料来源:根据京津冀三地 2018—2020 年《中国科技统计年鉴》统计所得。

从科技人才单位分布角度看，2013—2017 年河北省和天津地区 R&D 人员主要集中在企业，北京地区 R&D 人员主要集中在企业和研究开发机构。2017 年河北省和天津地区的企业 R&D 人员分别达到了 88876 人和 57881 人，分别占两地 R&D 人员总量的 80% 和 56%。北京地区企业和研究开发机构 R&D 人员分别占其总量的 47% 和 37%。从总体上来看，三地高等学校机构的 R&D 人员占比均较低，相对于河北和天津来说，北京科技人才的单位分布更加科学和均衡（见图 3-3）。

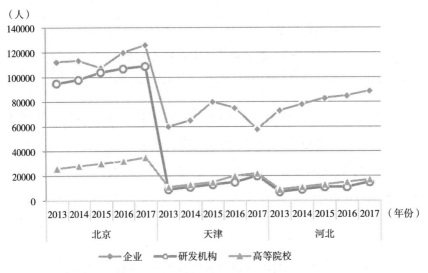

图 3-3　京津冀科技人才单位分布图

资料来源：依据三地统计年鉴整理。

（三）科技人才产出

发明专利是衡量自主创新能力的重要指标，是新产品、新技术的核心。从专利申请及授权角度看，2019 年申请受理发明专利数：北京市 129930 件、天津市 24574 件、河北省 20536 件，北京是河北的 6.33 倍、天津的 5.29 倍。换句话说，发明专利数河北仅占北京的 15.8%，天津占北京的 18.9%。

根据 2020 年北京市统计年鉴，北京市科技成果登记数量达 766 项，专利申请量为 22.6 万件，专利授权量为 13.2 万件，发明专利申请受理量为 11.8 万件，发明专利授权量为 4.7 万件。在科技成果获奖情况方面，北京市 2019 年获得国家技术发明奖和国家科学技术进步奖共 53 项，远高于国内其他地区，其中 11 项获得国家技术发明奖，42 项获得国家科学技术进步奖。

在京津冀三地中，2018 年、2019 年发明专利授权量天津市明显少于北京市，但稍多于河北省（见表 3-5）。近年来，天津市主要针对科技人才的待遇、薪资水平、培养培训等投入大量资金，目的为科技人才创造更好的科技环境，以产出更多、更好的科技成果。

相比 2018 年，河北省 2019 年的专利以及发明专利申请受理和授权数有一定幅度的上涨，其中专利申请受理数增幅较大，发明专利申请授权数增幅较小。北京市 2019 年专利申请受理数分别是天津市和河北省的 2.35 倍、2.23 倍，较 2018 年的 2.13 倍、2.52 倍，北京与天津差距拉大，河北和北京有差距缩小的趋势（见表 3-5）。

表 3-5　京津冀专利申请受理数和申请授权数统计表

单位:件

地区	申请受理数		申请授权数	
	2018 年	**2019 年**	**2018 年**	**2019 年**
北京 发明专利	211212	226113	123496	131716
	117664	129930	46978	53127
天津 发明专利	99038	96045	54680	57799
	26661	24574	5626	5025

续表

地区	申请受理数		申请授权数	
	2018 年	2019 年	2018 年	2019 年
河北 发明专利	83785	101274	51894	57809
	18954	20536	5126	5130

资料来源:《中国统计年鉴 2020》《天津统计年鉴 2020》《北京统计年鉴 2020》《河北统计年鉴 2019》。

从技术市场成交额及增长幅度看,2019 年北京地区技术成交额为 5695 亿元、天津为 909 亿元、河北为 381 亿元,北京分别是天津和河北的近 6 倍、15 倍。2015—2019 年北京和河北技术市场成交额逐年增加,其中 2019 年北京地区技术市场成交额,较 2015 年增长了约 2241 亿元,增幅约为 65%;2019 年天津地区技术市场交易额,较 2015 年增长了约 406 亿元,增幅约为 80%;2019 年河北地区技术市场交易额,较 2015 年增长了约 342 亿元,增幅约为 864%(见表 3-6)。以上数据显示,京津冀三地技术市场成交额都有不同程度的增长,其中河北省的增长幅度最大。尽管如此,从技术成交总额上来看,天津、河北与北京还是存在较大差距。

表 3-6 2015—2019 年京津冀技术成交额统计表

单位:万元

地区	北京		天津		河北	
项目	技术成交额	相比上年	技术成交额	相比上年	技术成交额	相比上年
2015 年	34538855	3167001	5034369	1148738	395438	103210
2016 年	39409752	4870897	5526361	491992	589959	194521

续表

地区	北京		天津		河北	
项目	技术成交额	相比上年	技术成交额	相比上年	技术成交额	相比上年
2017 年	44868872	5459120	5514411	−11950	889245	299286
2018 年	49578246	4709374	6855875	1341464	2759840	1870595
2019 年	56952843	7374597	9092549	2236674	3811904	1052064

资料来源:根据京津冀三地 2016—2020 年《中国科技统计年鉴》计算所得。

三、京津冀人才政策体系

(一)北京市人才政策体系

近年来,北京市委、市政府持续推动人才工作落实,以《首都中长期人才发展规划纲要(2010—2020 年)》①为主体,初步构建起一整套较为完善的人才政策服务体系。该体系纵向贯穿国家、市、区三个层面,横向覆盖了高层次人才引进、人才培养、人才扶持等各个领域。

北京市制定的人才政策不断推陈出新,创新的着力点主要体现为四个方面:一是引进海外高层次人才;二是扶持海外高层次人才创新创业;三是为高层次人才提供优质公共服务;四是重点建设中关村人才特区。北京市相继颁布的人才政策,与较为宽松的创业环境、互联网产业发展的历史机遇,以及海归高层次人才的自身努力,一并成为北京市高层次人才发展工作取得成效的主要因素。

北京市近年来出台的部分人才政策见表 3-7。

---

① 《首都中长期人才发展规划纲要(2010—2020 年)》,2010 年 7 月 7 日

表 3-7　近年来北京市部分人才政策表

序号	文件名称	发布时间
1	《关于实施北京海外人才聚集工程的意见》①	2009 年
2	《北京市鼓励海外高层次人才来京创业和工作暂行办法》②	2009 年
3	《首都中长期人才发展规划纲要(2010—2020 年)》	2010 年
4	《关于中关村国家自主创新示范区建设人才特区的若干意见》(京发[2011]5 号)③	2011 年
5	《加快建设中关村人才特区行动计划(2011—2015 年)》(京人才发[2011]5 号)④	2011 年
6	《北京建设海外高层次人才创新创业基地暂行办法》⑤	2011 年
7	《中共北京市大兴区委、中共北京市委经济技术开发区工委关于深入推进人才工作的意见》⑥	2011 年
8	《海淀区推进中关村人才特区建设若干措施》	2011 年
9	《2011 年度北京市引进海外高层次人才专项计划》	2011 年
10	《2012 年度北京市引进海外高层次人才专项计划》	2012 年
11	《2013 年度北京市引进海外高层次人才专项计划》	2013 年
12	《2014 年度北京市引进海外高层次人才专项计划》	2014 年
13	《2015 年度北京市海外高层次人才引进专项计划》	2015 年

---

① 《关于实施北京海外人才聚集工程的意见》,2009 年 10 月 29 日。
② 《北京市鼓励海外高层次人才来京创业和工作暂行办法》,2009 年 5 月 30 日。
③ 《关于中关村国家自主创新示范区建设人才特区的若干意见》(京发[2011]5 号),2011 年 11 月 21 日。
④ 《加快建设中关村人才特区行动计划(2011—2015 年)》(京人才发[2011]5 号),2011 年 1 月 29 日。
⑤ 《北京建设海外高层次人才创新创业基地暂行办法》,2011 年 3 月 11 日。
⑥ 《中共北京市大兴区委、中共北京市委经济技术开发区工委关于深入推进人才工作的意见》,2011 年 1 月 4 日。

续表

序号	文件名称	发布时间
14	《2016 年度北京市海外高层次人才引进专项计划》	2016 年
15	《〈北京市高层次创新创业人才支持计划〉实施办法》（京卫组人字［2017］48 号）①	2017 年
16	《2017 年度北京市海外高层次人才引进专项计划》	2017 年
17	《首都科技领军人才培养工程实施管理办法》（京科发［2017］64 号）②	2017 年
18	《北京市"一带一路"国家人才培养基地项目管理办法（试行）》（京教外［2017］4 号）③	2017 年
19	《中关村国家自主创新示范区创新引领高质量发展行动计划（2018—2022 年）》（中示区组发［2018］4 号）④	2018 年
20	《关于进一步发挥猎头机构引才融智作用建设专业化和国际化人力资源市场的若干措施（试行）》（京人社市场发［2018］266 号）⑤	2018 年
21	《关于全面加强新时代首都技能人才队伍建设的实施意见》⑥	2019 年
22	《首都国际人才社区建设导则（试行版）》⑦	2020 年

资料来源：笔者整理。

① 《〈北京市高层次创新创业人才支持计划〉实施办法》（京卫组人字［2017］48 号），2017 年 5 月 25 日。
② 《首都科技领军人才培养工程实施管理办法》（京科发［2017］64 号），2017 年 4 月 6 日。
③ 《北京市"一带一路"国家人才培养基地项目管理办法（试行）》（京教外［2017］4 号），2017 年 6 月 20 日。
④ 《中关村国家自主创新示范区创新引领高质量发展行动计划（2018—2022 年）》（中示区组发［2018］4 号），2018 年 2 月 18 日。
⑤ 《关于进一步发挥猎头机构引才融智作用建设专业化和国际化人力资源市场的若干措施（试行）》（京人社市场发［2018］266 号），2018 年 12 月 17 日。
⑥ 《关于全面加强新时代首都技能人才队伍建设的实施意见》，2019 年 1 月 10 日。
⑦ 《首都国际人才社区建设导则（试行版）》，2020 年 6 月。

（二）天津市人才政策体系

天津市作为直辖市，其经济社会发展在国内处于较高水平，区域内有多所 985、211 工程大学，多家国家级科研院所。天津市拥有一支水平较高、规模数量较大的高层次人才群体队伍。近年来，为适应经济社会的快速发展，天津市逐渐扩大对海内外高层次人才的需求，出台多项人才优惠政策吸引海内外人才来津就业创业，取得了较好的政策收益。

首先是以《天津市中长期人才发展规划（2010—2020 年）》（津党发［2010］8 号）①为龙头引导，不断推出人才新政，初步构建起人才政策体系。自 2009 年起，先后出台了《天津市实施海外高层次人才引进计划的意见》（2009 年）②（又称"千人计划"）和《天津市中长期人才发展规划（2010—2020 年）》（2010 年）等重要政策文件，初步构建起市、区两级人才政策体系。

其次是重点依托天津滨海新区，相继颁布人才优惠政策，建设人才特区。随着人才在我国经济社会发展中的核心作用日益凸显，2010 年前后，我国开始探索人才特区建设。由于早在 2005 年天津滨海新区建设就上升为国家战略，滨海新区自然成为天津市人才特区建设的主战场。其后，天津市委、市政府陆续出台一系列人才优惠政策，其中较有代表性的，如 2008 年天津市委、市政府出台的《关于支持滨海新区引进人才的政策措施》；2011 年滨海新区出台的《滨海新区加快引进海外高层次人才暂行办法》（津人社办

---

① 《天津市中长期人才发展规划（2010—2020 年）》（津党发［2010］8 号），2010 年 9 月 8 日。
② 《天津市实施海外高层次人才引进计划的意见》，2009 年 1 月。

发〔2011〕64 号）①;2011 年出台的《天津市"用三年时间引进千名
高层次人才"2012 年引进计划》（津人社办发〔2011〕64 号）②;
2014 年出台的《天津市"千企万人"支持计划》（津人社办发
〔2014〕104 号）③;2018 年出台的《天津市进一步加快引育高端人
才若干措施》（津人才〔2018〕1 号）④;等等。这些人才政策文件涵
盖了不同领域、不同范围的人才工作,为建设滨海新区人才特区构
架起一套较为完整的人才政策体系。

　　天津市及滨海新区近年来制定出台的部分人才政策见表
3-8。

表 3-8　近年来天津市及滨海新区部分人才政策表

序号	文件名称	发布时间
1	《关于支持滨海新区引进人才的政策措施》	2008 年
2	《天津市引进创新创业领军人才暂行办法》（津政发〔2009〕7 号）⑤	2009 年
3	《天津市实施海外高层次人才引进计划的意见》	2009 年
4	《天津市中长期人才发展规划（2010—2020 年）》	2010 年

---

① 《滨海新区加快引进海外高层次人才暂行办法》（津人社办发〔2011〕64
号）,2011 年 12 月 23 日。
② 《天津市"用三年时间引进千名高层次人才"2012 年引进计划》（津人社办
发〔2011〕64 号）,2011 年 12 月 23 日。
③ 《天津市"千企万人"支持计划》（津人社办发〔2014〕104 号）,2014 年 8 月
28 日。
④ 《天津市进一步加快引育高端人才若干措施》（津人才〔2018〕1 号）,2018 年
2 月 6 日。
⑤ 《天津市引进创新创业领军人才暂行办法》（津政发〔2009〕7 号）,2009 年 1
月 16 日。

续表

序号	文件名称	发布时间
5	《关于加快滨海新区人才高地建设的意见》①	2010 年
6	《滨海新区加快引进海外高层次人才暂行办法》	2011 年
7	《滨海新区关于创新人才管理服务体系的实施方案》	2011 年
8	《天津市"131"创新型人才培养工程的实施意见（2011—2020 年）》（津人才［2011］8 号）②	2011 年
9	《滨海新区重大人才工程实施意见》	2012 年
10	《滨海新区人力资源和社会保障事业发展"十二五"规划》	2012 年
11	《天津市"用三年时间引进千名高层次人才"2012 年引进计划》	2011 年
12	《天津市 2012 年紧缺人才目录》③	2012 年
13	《天津市创新人才推进计划实施方案》④	2013 年
14	《关于抢抓京津冀协同发展机遇加快集聚高层次人才的意见》⑤	2014 年
15	《天津市"千企万人"支持计划》	2014 年
16	《天津市 2014 年引进高层次人才计划》	2014 年
17	《天津市 2015 年高层次人才引进计划》⑥	2015 年

① 《关于加快滨海新区人才高地建设的意见》,2010 年 12 月。

② 《天津市"131"创新型人才培养工程的实施意见（2011—2020 年）》（津人才［2011］8 号）,2011 年 8 月 26 日。

③ 《天津市 2012 年紧缺人才目录》,2012 年 5 月 8 日。

④ 《天津市创新人才推进计划实施方案》,2013 年 12 月 23 日。

⑤ 《关于抢抓京津冀协同发展机遇加快集聚高层次人才的意见》,2014 年 12 月 29 日。

⑥ 《天津市 2015 年高层次人才引进计划》,2015 年 9 月 3 日。

续表

序号	文件名称	发布时间
18	《天津市 2016 年高层次人才引进计划》	2016 年
19	《抢抓京津冀协同发展机遇加快集聚高层次人才的意见》	2016 年
20	《关于印发〈滨海新区关于进一步集聚人才创新发展的若干措施〉的通知》	2017 年
21	《天津市进一步加快引育高端人才若干措施》（津人才〔2018〕1 号）①	2018 年
22	《天津市"海河英才"行动计划》（津党发〔2018〕17号）②	2018 年
23	《天津市引进人才落户实施办法》（津人社规字〔2018〕11 号）③	2018 年
24	《天津市人民政府办公厅关于实施"海河工匠"建设的通知》（津政办发〔2019〕24 号）④	2019 年
25	《天津市关于促进劳动力和人才社会性流动体制机制改革的若干措施》（津就组字〔2020〕5 号）⑤	2020 年

资料来源：笔者整理。

（三）河北省人才政策体系

在人才工作方面，河北省也不断创新，逐步形成了独具特色的

---

① 《天津市进一步加快引育高端人才若干措施》（津人才〔2018〕1 号），2018 年 2 月 6 日。

② 《天津市"海河英才"行动计划》（津党发〔2018〕17 号），2018 年 5 月 30 日。

③ 《天津市引进人才落户实施办法》（津人社规字〔2018〕11 号），2018 年 5 月 11 日。

④ 《天津市人民政府办公厅关于实施"海河工匠"建设的通知》（津政办发〔2019〕24 号），2019 年 6 月 11 日。

⑤ 《天津市关于促进劳动力和人才社会性流动体制机制改革的若干措施》（津就组字〔2020〕5 号），2020 年 7 月 30 日。

人才政策体系,为河北人才队伍建设奠定了坚实的基础。其中,省级层面的有:《河北省中长期人才发展规划纲要(2010—2020年)》①、《关于河北省重点人才工程的实施意见》(冀才办[2020]4号)②、《关于进一步加强人才工作的若干意见》、《关于实施高层次创新创业人才开发"巨人计划"的意见》(冀办发[2011]41号)③、《关于鼓励留学人员来河北工作和为河北服务暂行规定》(冀政[2001]47号)④、《河北省"三三三人才工程"实施方案》(冀人社发[2014]25号)⑤等政策文件。各市也制定出台了关于人才的相关政策,如《石家庄市中长期人才发展规划纲要(2011—2020年)》、《唐山市中长期人才发展规划纲要(2011—2020年)》⑥、《渤海新区关于引进高层次人才加快"人才特区"建设的办法(试行)》⑦、《关于河北雄安新区引进海内外高端人才的实施意见》、《河北雄安新区人才发展"十四五"规划》等政策文件。

河北省近年来出台的部分人才政策见表3-9。

---

① 《河北省中长期人才发展规划纲要(2010—2020年)》,2010年9月。
② 《关于河北省重点人才工程的实施意见》,2010年9月。
③ 《关于实施高层次创新创业人才开发"巨人计划"的意见》(冀办发[2011]41号),2011年9月。
④ 《关于鼓励留学人员来河北工作和为河北服务暂行规定》(冀政[2001]47号),2001年8月29日。
⑤ 《河北省"三三三人才工程"实施方案》(冀人社发[2014]25号),2014年7月14日。
⑥ 《唐山市中长期人才发展规划纲要(2011—2020年)》,2011年1月30日。
⑦ 《渤海新区关于引进高层次人才加快"人才特区"建设的办法(试行)》,2012年6月18日。

表 3-9　近年来河北省部分人才政策表

序号	文件名称	发布时间
1	《河北省中长期人才发展规划纲要（2010—2020 年）》	2010 年
2	《关于河北省重点人才工程的实施意见》	2010 年
3	《关于印发 8 项重点人才工程实施方案的通知》	2011 年
4	《石家庄市中长期人才发展规划纲要（2011—2020 年）》	2011 年
5	《唐山市中长期人才发展规划纲要（2011—2020 年）》	2011 年
6	《沧州市中长期人才发展规划纲要（2011—2020 年）》	2011 年
7	《关于实施高层次创新创业人才开发"巨人计划"的意见》	2011 年
8	《唐山市人才强市战略规划》	2011 年
9	《渤海新区关于引进高层次人才加快"人才特区"建设的办法(试行)》	2012 年
10	《河北省重大创新基地建设规划（2013—2020 年）》（冀科平［2013］10 号）①	2013 年
11	《河北省青年拔尖人才支持计划实施办法》（冀办字［2013］19 号）②	2013 年
12	《河北省"三三三人才工程"实施方案》	2014 年
13	《唐山市关于加强"人才特区"建设的实施办法》	2014 年
14	《2014 年至 2017 年"引智共建蓝天计划"实施方案》（冀人社发［2014］10 号）③	2014 年
15	《张家口市高层次人才创新创业园扶持政策（试行）》	2015 年

---

① 《河北省重大创新基地建设规划(2013—2020 年)》(冀科平［2013］10 号)，2013 年 10 月 9 日。

② 《河北省青年拔尖人才支持计划实施办法》(冀办字［2013］19 号)，2013 年 4 月 18 日。

③ 《2014 年至 2017 年"引智共建蓝天计划"实施方案》(冀人社发［2014］10 号)，2014 年 4 月 15 日。

续表

序号	文件名称	发布时间
16	《关于深化人才发展体制机制改革的实施意见》(中发〔2016〕9号)①	2016年
17	《河北省百万燕赵工匠培养支持计划实施方案》(冀人社发〔2017〕30号)②	2017年
18	《河北省"外专百人计划"实施办法》	2018年
19	《石家庄市引智工作站管理办法(试行)》③	2018年
20	《河北省冰雪产业技能人才培养储备计划实施方案(2019—2022年)》	2019年
21	《河北省"高精尖缺"技能人才培养支持计划实施方案(2019—2022年)》(冀人社字〔2019〕163号)	2019年
22	《关于河北雄安新区引进海内外高端人才的实施意见》	2019年
23	《2020年度创新能力提升计划外专引才引智专项项目计划》	2020年
24	《河北雄安新区人才发展"十四五"规划》	2021年

资料来源:笔者整理。

第二节 京津冀人才合作状况

一、京津冀人才合作历程

京津冀三地之间的人才合作由来已久,本研究结合已有研究将京津冀人才合作过程划分为四个阶段(见表3-10)。

---

① 《关于深化人才发展体制机制改革的实施意见》(中发〔2016〕9号),2016年3月20日。

② 《河北省百万燕赵工匠培养支持计划实施方案》(冀人社发〔2017〕30号),2017年6月26日。

③ 《石家庄市引智工作站管理办法(试行)》,2018年10月30日。

表 3-10　京津冀区域人才合作发展概览

阶段	合作成果	合作形式	参与单位	时间
萌芽发展阶段	小规模临时性合作	临时性合作	民间团体	20 世纪 80 年代中期—90 年代中期
	局部地区合作	正式人才合作	北京、天津和河北部分地区	20 世纪 90 年代中期—2003 年
起步发展阶段	签订《京津冀人才开发一体化合作协议》①	京津冀人才开发一体化研讨会	京津冀人事厅（局）	2005 年 6 月 8 日
	签订《京津冀人才开发一体化联席会议章程》②	签署文件	京津冀人事厅（局）	2005 年 9 月
	签订《京津冀人才交流合作协议书》③《京津冀人事代理、人才派遣合作协议书》④《京津冀人才网站合作协议书》⑤	京津冀人才开发一体化联席会议	京津冀人事厅（局）	2006 年 12 月
	一网注册、多网发布、实现人才信息共享	环渤海人才网站联盟	北京人才网、北方人才网、河北人才网	2007 年 7 月
	提供数百家企业事业单位招聘职位	举办京津冀招才引智大会	京津冀各企事业单位	2007—2010 年

①　《京津冀人才开发一体化合作协议》,2005 年 6 月 8 日。
②　《京津冀人才开发一体化联席会议章程》,2006 年 12 月 6 日。
③　《京津冀人才交流合作协议书》,2005 年 6 月 8 日。
④　《京津冀人事代理、人才派遣合作协议书》,2007 年 1 月 23 日。
⑤　《京津冀人才网站合作协议书》,2007 年 1 月 23 日。

续表

阶段	合作成果	合作形式	参与单位	时间
全面发展阶段	达成人才市场与人才服务、共享高层次人才智力资源、加强人才培养合作、共建人才创新创业载体等6方面协议	京津冀区域人才合作框架协议书	京津冀人力社保厅(局)	2011年4月
	邀请近千余家大中型企事业单位参会,提供人才需求2万多个	2011年首届京津冀人才交流大会		2011年5月
换挡提速阶段	围绕人才工作一体化中深层次的体制机制问题进行多次交流与研讨,达成广泛共识	京津冀人才工作联席会议	京津冀组织部、人力社保厅(局)	2014—2017年
	三地共提供2.3万个工作岗位,吸引数万求职者参加,现场达成意向率超过30%	京津冀专场招聘	北京通州、天津武清和河北廊坊三地人社厅(局)	2015年
	张家口环首都高层次人才创业园成立,北京中关村海淀园秦皇岛分园揭牌成立	创业园区建立	京津冀三地人才工作领导小组	2017年

阶段	合作成果	合作形式	参与单位	时间
换挡提速阶段	确定《"通武廊"人才工作联席会议制度》①,达成《"通武廊"区域人才合作框架协议》②,共建"京津冀(通武廊)人才发展研究基地"	"通武廊"人才工作联席会议	京津冀人才一体化发展部际协调小组	2019 年
	发布《京津冀人才一体化发展规划(2017—2030 年)》	跨区域的人才规划		
	成立京张冰雪项目场馆人才联盟,启动临空经济产业人才聚集工程,抓好"通武廊"示范区建设,达成《通武廊人力资源服务企业联盟合作协议》③	各类人才交流合作项目		
	签署《京津冀公共人才服务协同发展合作协议》④	京津冀人才中心精准服务雄安新区座谈会	京津冀三地人才中心	2020 年

资料来源:笔者整理。

---

① 《"通武廊"人才工作联席会议制度》,2015 年 5 月。

② 《"通武廊"区域人才合作框架协议》,2015 年 5 月。

③ 《通武廊人力资源服务企业联盟合作协议》,2019 年 4 月 2 日。

④ 《京津冀公共人才服务协同发展合作协议》,2020 年 8 月 20 日。

（一）萌芽发展阶段

20世纪80年代中期至2003年，是京津冀人才合作的萌芽发展阶段。在这一阶段，京津冀三地间的人才合作处于萌芽自发状态，合作行为大多在京津冀三地科研院所牵头的事业单位之间开展，具有一定的自发性。这一阶段的合作形式较为单一、合作的领域相对狭小，多以临时性、自发性、局部性合作形式为主。

（二）起步发展阶段

2004年至2010年，是京津冀人才合作的起步发展阶段。2004年2月，在国家发展和改革委员会的牵头组织下，京津冀经济发展战略研讨会在河北省廊坊市顺利召开，标志着三地人才开发一体化合作正式启动。此后，京津冀三地在人才信息交流、人才联合培养、专业技术人才职称资格互通互认等方面签署多项合作协议，逐步建立起多边、多元、多层次的京津冀区域人才合作模式。

（三）全面发展阶段

自2011年起，京津冀人才合作进入全面发展阶段。2011年国家发展规划明确提出"加快推进京津冀区域经济一体化发展，打造首都经济圈"战略构想，为人才合作提供了政策支撑。同年，京津冀三地组织部门签署《京津冀区域人才合作框架协议书》，正式全面启动区域人才合作推进工程。协议同时提出"贯通人才市场与人才服务、共享高层次人才智力资源、加强人才培养合作、共建人才创新创业载体、建立相互包容的社会保障制度、实现人才政策互通共融"等六个层面的人才合作发展方向。

（四）换挡提速阶段

从2014年起至今，京津冀人才合作进入换挡提速阶段。2014年，京津冀协同发展上升为国家战略，原本相对松散、低层次的人才合作，也正式升级为国家层面的人才一体化发展战略，京津冀人才合作正式进入换挡提速阶段。2014 年以来,京津冀三地多次轮流召开京津冀人才工作联席会议,围绕京津冀人才工作一体化中的深层次体制机制问题进行交流与探讨,相继落实了京津冀三地人才招聘会、干部人才组团交流挂职、高端人才联合引入培养等系列试点项目,取得了一系列成效。2017 年,京津冀三地联合发布《京津冀人才一体化发展规划(2017—2030 年)》,这是我国人才发展史上第一个区域性人才发展规划,也是服务国家重大发展战略的第一个专项人才规划,对于更好实施京津冀协同发展战略具有重大意义。自此,京津冀三地人才工作进入全面、深入、加速合作的阶段,这一合作趋势也必将为京津冀协同发展战略提供强大的人才智力支持。

二、京津冀人才合作取得的成效

2017 年以来,京津冀三地积极贯彻落实党中央、国务院关于高质量发展的部署和要求,在积极推进各地高质量发展的同时,努力推进三地高质量协同发展,其中最重要的工作便是人才的协同发展。河北省以更加积极主动的姿态,深入推进与京津人才发展的高质量、高水平协同,切实提升人才一体化发展的质量和效益,促进河北省在更高层面、更高水平上与京津的人才和智力合作,促进京津人才与智力的高质量引用。在借力京津增强河北省高质量发展的人才与智力支撑方面,取得诸多重要成效。

(一)启动实施多项重点人才工程

以重大人才任务和重点人才工程为抓手,推进京津冀人才一体化发展规划的实施,不断取得重要新进展和新成效。近几年,三地启动和实施了全球高端人才延揽计划、冬奥人才发展工程、雄安新区人才集聚工程、沿海临港产业人才集聚工程、临空经济产业人才集聚工程、人才智力精准扶持计划,以及西北部生态涵养区人才管理改革试验区建设等重大人才任务和重点人才工程。特别是围绕临空经济产业人才集聚工程打造临空经济人才枢纽,制定《关于高质量建设临空经济人才枢纽行动计划(2019—2028 年)》,推动区域实现人才资源高水平共享。

(二)人力资源与社会保障事业协同取得新进展

京津冀三地认真贯彻落实人力资源和社会保障部《关于推进京津冀人力资源和社会保障事业协同发展的实施意见》,积极促进三地人力资源和社会保障事业合作的深入开展,不断拓展人力资源和社会保障事业协同发展的广度和深度。2017 年,京津冀人力资源和社会保障事业协同发展第一次部省(市)联席会在就业、社保、人才、劳动关系、公共服务和雄安新区建设几个方面进行了谋划和部署,签署了《京津冀专业技术人员继续教育合作备忘录》等文件;2018 年,第二次联席会就贯彻落实党中央、国务院《关于支持河北雄安新区全面深化改革和扩大开放的指导意见》①,更好发挥人力资源和社会保障部门职能作用,全力支持雄安新区深化改革和扩大开放,加快推进京津冀人才协同发展做了部署。近几年,三地社会保险关系转移顺畅进行,专业技术人才资质互认范围逐年扩大,27 项专业技术职称资格、人力资源服务业从业资格实现互认,技能人才联合培养逐步开展;研究制定和实施了京津冀区域人力资源服务标准,三地人力资源服务质量和水平大幅提升;京津冀政务服务事项实现网通办、异地办,公积金、社会组织、社保个人权益记录查询等 20 个高频事项首批上线。

---

① 《关于支持河北雄安新区全面深化改革和扩大开放的指导意见》,2019 年 1
月 24 日。

（三）人才双向挂职取得新成效

为促进京津冀协同发展，搭建两地干部人才交流的平台，2015年，北京、河北组织部门联合出台《关于围绕京津冀协同发展进一步推进京冀干部人才双向挂职的意见》①，分别从发改委及交通、规划、商务、科技、工信、环保、教育、人社、农业、文化、卫计、旅游等部门选派厅、处级干部异地挂职。自 2015 年起，连续五年每年有包括诸多局级干部在内的 100 名干部双向挂职交流，京冀通过互派干部、人才双向挂职，促进区域协同发展，取得良好成效。

（四）重点区域人才一体化取得新突破

2016 年"通武廊"（北京通州、天津武清、河北廊坊）人才一体化发展示范区启动，"通武廊"人才一体化发展示范区建设方面不断取得新进展。三地为加强跨区域人才合作，签订"通武廊"区域人才合作框架协议，相继出台《通武廊区域人才互认标准》②《通武廊区域人才挂职交流工作管理暂行办法》③等一系列政策文件，有力促进了三地人才的交流互动。为更好发挥高层次人才在区域间的作用，为人才创新创业和生活提供便利，三地在区域人才互认的基础上，还制定实施了"通武廊"高层次人才服务绿卡制度。在引才引智方面，三地联合举办了一系列人才交流、人才招聘等活动，促进了三地人才的加速流动。2019 年 4 月，在北京召开的京津冀人才一体化发展部际协调小组第四次会议上，北京市通州区、天津市武清区、河北省廊坊市三地共同签署《通武廊人力资源服务企业联盟合作协议》，并为"通武廊人力资源服务业协同发展示

---

① 《关于围绕京津冀协同发展进一步推进京冀干部人才双向挂职的意见》，2015 年。
② 《通武廊区域人才互认标准》，2016 年 10 月。
③ 《通武廊区域人才挂职交流工作管理暂行办法》，2016 年 10 月。

范区"揭牌。

在临空经济产业人才聚集区建设方面,2018 年 5 月,京津冀人才一体化发展部际协调小组第三次会议提出实施临空经济产业人才集聚工程;2018 年 7 月,协调小组主办京津冀临空经济产业人才发展研讨会,会议达成依托首都新机场临空经济区,建设京津冀临空经济产业人才聚集高地,协同打造临空人才发展共同体等共识。此外,2020 年 8 月,京津冀三地人才中心负责人还共同签署了《京津冀公共人才服务协同发展合作协议》。

（五）多领域人才一体化合作齐推进

多点联动,推动京津冀三地区域人才交流合作纵横延伸,人才合作更加广泛、更加深入,合作内容更加丰富。近年来,京津冀三地省市人力资源和社会保障部门多次联合举办面向京津冀、全国及海外的高层次人才招聘会;京津冀三地省市卫生部门共同签订人才交流与合作框架协议;京津冀三地省市民政部门联合召开会议,议定积极推进京津冀社会工作人才队伍建设协同发展。在推进教育协同发展方面,河北省 27 所高职院校与北京市、天津市部分高职院校启动"结对子"对接工作。在科技创新协同方面,三地科技部门按照高质量发展的根本要求,大力推进协同创新,不断取得新进展、新成效。

就河北而言,大力推行了"京津研发、河北转化"创新模式,通过共建园区,共搭平台,共建重点实验室、研发中心、技术创新中心、科技成果转化服务中心、技术交易中心、国际化技术转移中心等,吸引京津高端项目落户,吸引高端人才聚集,提升人才合作的水平和质量。通过开展科技人才的培训合作、项目合作及举办科技交流项目洽谈、人才与项目对接等活动,与京津联合建设技术转移人才培养基地和实训基地等,带动京津人才的引用、合作及培养。三地党委组织部相继牵头承办"京津冀高层次人才国情研修班""京津冀高层次人才学术休假""京津冀人才工作者培训班"等活动。三地有关部门、区市联合举办"京津冀外国专家工作联席会""京津冀协同创新座谈会""京津冀卫生健康人才交流与合作联席会""京津冀青年科学家论坛"等。此外,河北在推进与京津在产业、交通、生态、医疗、旅游、健康养老等方面协同发展和合作的同时,也促进了京津人才与智力引用的不断扩展与提升。

三、京津冀人才合作存在的问题

近年来,三地在推进京津冀人才一体化发展过程中取得了一系列成果,但同时也存在一些不容忽视的问题。

(一)人才发展规划协同不足

受制于京津冀战略功能定位、经济发展水平、产业结构布局、人才资源总量和人才供给结构差异等因素,京津冀三地在制定人才发展规划时主要立足于当地经济社会发展程度对人才的需要。其结果导致:一方面,京津冀三地人才发展规划存在不同,人才发展目标、内容诉求存在差异。如北京市希望在严格控制人口目标的基础上实现并解决产业转移以及有效限制外来人口问题,河北则希望在京津冀区域内人才能够自由流动。另一方面,三地人才发展规划总体协同不够。主要体现在人才发展规划的目标上:北京市侧重于人才资源战略合作和推动区域人才开发一体化,仅针对互认的高层次人才交流敞开大门;天津市强调加强人才交流合作,针对专业技术人才实行资证互认;河北省则侧重于加强京津冀区域人才合作推进工程和推进京津冀区域人力资源市场建设,从多个方面促进人才资源区域合作。

（二）区域人才平台合作较少

京津冀人才平台合作较少。主要体现为：一是缺乏统一的人才信息平台。由于还未构建起京津冀互联互通的人才岗位信息平台，三地的人才、项目、用人单位之间信息不对称，尚未形成有效的人才信息沟通常态机制。二是区域人才培养平台共享较少。京津冀三地在人才培养平台上虽具有各自优势，如北京高层次创新创业平台优势突出、天津在高技能人才培养平台上独树一帜、河北省普通技工学校数量较多。但是，三地在共享平台方面的合作相对不足。三是区域人才平台的优势互补性发挥不够。如在就业创业方面，缺乏专项、积极有效的互补合作平台，一定程度上影响了京津冀在人才资源合作上的广度和深度。

（三）区域间人才政策存在差异

京津冀区域间的人才政策存在差异。主要体现为：一是京津冀人才待遇存在差距。受制于行政区划、户籍政策、社保政策等直接或间接影响，加上京津冀经济发展水平、人均可支配收入、基础设施建设、高等院校数量、211 工程大学数量、科技活动人员数量、产学研经费支出、科技人才密度、专利申请受理量和授权量等方面存在的差异，河北与京津人才待遇存在显著差距。结果导致人才单向流动明显。尤其是京津人才向河北的流动，因存在工资待遇降低、社保关系转移难、对子女教育问题等诸多顾虑，人才的合理流动存在很大阻力。二是人才公共服务政策存在差异。京津冀在公共人才服务项目、标准、流程等配套措施方面存在较大差异，造成区域人才合作的公共政策壁垒。

（四）人力资源市场配置支撑体系不足

京津冀人力资源市场配置支撑体系不足，导致原本发挥决定性作用的市场因素，只能发挥有限作用。主要体现为：一是人力资源市场法制建设相对滞后。由于尚未出台国家层面的人力资源市场管理条例,京津冀三地人力资源市场管理法制建设进程相对滞后,还存在沿用以前针对人才市场和劳动力市场法规文件的现象,难以适应市场管理实际需要。二是人才互惠共赢利益分配市场机制尚未建立。人力资源是最重要的生产要素,建立符合市场规律的风险共担和利益共享的分配机制是区域人才协同发展的当务之急。三是人力资源市场化配置程度不高、不均衡。京津冀人力资源服务业发展水平相较于长三角地区还很低,京津冀三地内部之间人力资源市场的发展程度,在规模、人员数量、从业人员数量和人力资源服务业的经营收入方面存在一定差异。

(五)人才协调机制效用有限

一是人才协同发展的组织机构有待完善。区域人才协同发展需要多个部门进行,既包括掌握六支人才队伍的主管部门,也包括为人才提供政策、资金和服务的发改委、财政、税务、金融、公安等部门,京津冀人才一体化合作的组织协调机构有待做进一步完善。二是人才协同发展的财政保障机制尚未建立。人才协同发展既要发挥市场的决定性作用,也要发挥政府作用。从政府层面看,京津冀人才协同发展不仅涉及地理空间意义上的京津冀三个区域,也内含京津冀及中央四个主体。因此,需要京津冀三地和中央在人才协同发展方面建立合理的财政分担保障机制,特别是在区域人才平台建设、人才培养、人才流动以及人才创业方面提供有效的资金支撑。此外,京津冀三地人才资源基础性统计工作开展不均衡,区域人才资源综合统计和对外发布的数据不统一、不完整、不系统,人才资源条块管理,因缺乏一致统计口径,常常导致人才资源底数不清。

第三节　河北省人才工作状况

近年来,围绕京津冀协同发展和"现代化经济强省、美丽河北"建设,河北省主要从五个方面开展人才工作:一是统筹推进各类人才队伍建设。具体包括党政人才、专业技术人才、经营管理人才、高技能人才、农村实用人才等队伍建设。二是加强产业人才队伍建设。包括主导产业人才、高新技术产业人才、现代服务业人才等队伍建设。三是重视社会事业人才队伍建设。包括教育、文化、医疗卫生、体育、社会工作、城镇建设等人才队伍建设。四是建设重点人才工程。包括京津冀区域人才合作推进工程、高层次创新型人才开发工程、重点引智工程、临港人才聚集区构建工程、民营经济组织人才队伍建设提高工程、人才发展区域城乡统筹促进工程、人才工作信息化建设工程等。五是落实完善各项人才政策。包括人才开发、人才培养、人才引进等政策。

随着河北省人才工作的持续推进,各类人才总量逐年增加。同时在人才素质提高、年龄结构优化、空间合理布局、人才培养开发、人才队伍壮大、人才竞争力提高、人才合理使用和配置等方面取得突出成效。在看到人才工作取得明显成效的同时,也不容忽视人才工作推进过程中存在的突出问题。

一、河北省人才发展现状

（一）人才规模

1. 人才资源总量

截至 2019 年底,河北省从业人员总量为 4285.71 万人,比上一年度增加了 2%,较 2010 年提高了 10.88%。据测算①,河北省 2019 年底人才资源总量达到 1136.58 万人,同比增长 15.89%。2010—2019 年,河北省从业人员总量和人才资源总量呈平稳上升态势,个别年份略有波动(见图 3-4)。

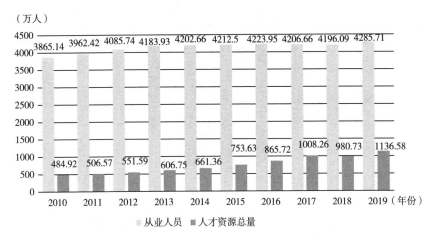

图 3-4　2010—2019 年河北省从业人员和人才资源变化情况

资料来源:《河北蓝皮书:河北人才发展报告(2021)》。

2. 人才队伍数量

2019 年,河北省六支人才队伍建设状况良好。据测算②,党政人才数量稳定在 35 万人左右、企业经营管理人才总量为 168 万人、专业技术人才总量为 218 万人、技能人才总量为 451 万人、农

---

① 2010—2018 年从业人员总量来自历年《河北经济年鉴》,2019 年度从业人员总量根据年度国民经济和社会发展统计公报数据综合测算得出;2010—2012 年人才资源总量来自历年《河北经济年鉴》,2013—2019 年人才资源总量以历年 GDP 变化与从业人员变化为基础经综合测算得出。

② 党政人才队伍数据来自河北省委组织部,其他人才队伍数据根据企业经营管理人才、专业技术人才、技能人才、农村实用人才和社会工作人才的行业人才规划中 2020 年的目标数据,结合 2015 年河北省中长期人才发展规划评估时各相关部门报送数据经测算得出。

村实用人才总量为 260 万人、社会工作人才总量为 5 万人,分别占人才资源总量的 3.1%、14.8%、19.2%、39.6%、22.9%、0.4%(见图 3-5)。

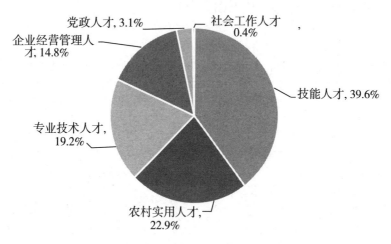

图 3-5　2019 年河北省人才队伍数量构成情况

资料来源:《河北蓝皮书:河北人才发展报告(2021)》。

3. 后备人才培养

后备人才主要指河北省内普通高校和职业院校的在校生和当年毕业生。截至 2019 年底,河北省在校研究生 5.52 万人,同比增长 10.58%;毕业生 1.39 万人,同比增长 1.50%。普通高等学校 122 所,全年招生 49.96 万人,比上一年度增长 18.44%;在校生 147.4 万人,较上一年度增长 9.79%;毕业生 35.78 万人,比上一年度增长 5.61%;中等职业学校在校生 77.46 万人。以上数据显示,河北省后备人才总体存量规模呈上升趋势。需要指出的是,以普通高校在校学生数为例,河北在全国的排位虽处于前列,但与山东、江苏、广东等教育大省相比尚有一定差距(见表 3-11)。

表 3-11　2019 年全国部分省区市普通高校在校生统计

单位:万人

地区	北京	天津	河北	山西	山东	江苏	上海	广东	湖北	新疆	辽宁
在校生	58.6	53.9	147.4	80.2	218.4	208.9	52.6	205.4	150.1	42.7	104.1

资料来源:2019 年度各地国民经济和社会发展统计公报。

(二)人才质量

1. 从业人员受教育情况

据测算,截至 2018 年底,河北省接受过大专以上高等教育的从业人员比例为 15.59%(测算基数为 15—64 岁人口),比 2010 年提高 5.01 个百分点(见图 3-6)。

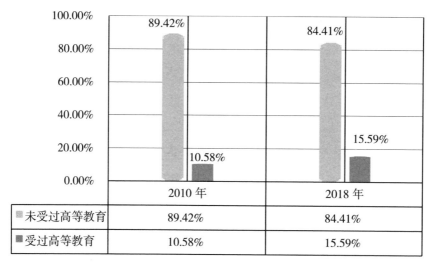

	2010 年	2018 年
未受过高等教育	89.42%	84.41%
受过高等教育	10.58%	15.59%

图 3-6　2010 年与 2018 年河北省从业人员受高等教育情况

资料来源:《河北蓝皮书:河北人才发展报告(2021)》。

2. 获专家称号人才情况

近年来,围绕为国家重大战略和省内中心任务提供高精尖人才支撑的目标,河北省分类实施了一批重点人才项目和人才选拔计划,高层次人才队伍不断壮大。截至 2019 年底,全省共有院士 19 人、省高端人才 64 人、国家级百千万人才工程人选 59 人、省"巨人计划"领军人才 150 人、省"百人计划"专家 164 人、省管优秀专家 525 人、享受国务院政府特殊津贴专家 2477 人、享受省政府特殊津贴专家 718 人、省"突出贡献技师"400 名[①]。

(三)人才分布结构

1. 从业人员三次产业分布

2018 年,河北省地区生产总值达到 32494.61 亿元,比 2010 年增长 58.9%;三次产业从业人员总量为 4196.09 万人,比 2010 年增长 8.56%。从三次产业从业人员分布来看,第一、第二、第三产业从业人员分布由 2010 年的 37.88:32.36:29.76 优化至 2018 年的 32.41:32.59:35.00,第三产业从业人员占比逐步提升(见图 3-7)。

2. 国有地方企事业单位专业技术人员分布

2018 年,河北省国有地方企事业单位专业技术人员总量达到 1183560 人。其中,科学研究人员数为 5217 人,工程技术人员数为 135523 人,教学人员数为 674027 人,农业技术人员数为 26613 人,卫生技术人员数为 193595 人。图 3-8 显示,教育、卫生类技术人员仍占总量的 73.31%,但与前几年相比,呈逐年下降趋势。图 3-9 显示,专业技术人才向一线科研单位转移,科学研究人员数量呈逐年上升趋势。可见,总体人才职业分布结构呈现逐步优化态势。

---

① 数据来源于中共河北省委人才办和河北省人力资源和社会保障厅文件。

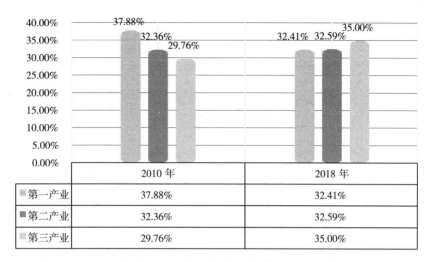

	2010 年	2018 年
▓ 第一产业	37.88%	32.41%
▓ 第二产业	32.36%	32.59%
▓ 第三产业	29.76%	35.00%

图 3-7　2010 年与 2018 年河北省三次产业人员分布对比情况

资料来源:2011 年和 2019 年《河北经济年鉴》。

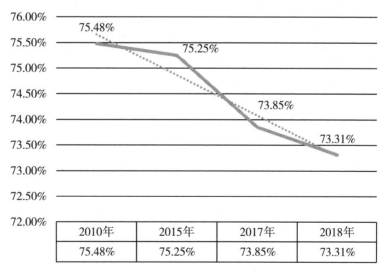

2010年	2015年	2017年	2018年
75.48%	75.25%	73.85%	73.31%

图 3-8　2010—2018 年河北省教育、卫生类技术人员数历年占比情况

资料来源:2011—2019 年《河北经济年鉴》。

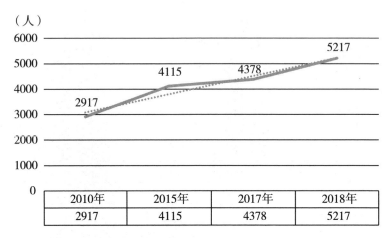

（人）

	2010年	2015年	2017年	2018年
	2917	4115	4378	5217

图 3-9　2010—2018 年河北省科研人员数量

资料来源：2011—2019 年《河北经济年鉴》。

（四）人才资本投入

1. 教育经费投入

2019 年河北省地方教育经费总投入为 1992.12 亿元，同比增长 14.56%，比 2015 年增加 54.89%。五年来，河北省地方教育经费投入及在全国教育经费投入中的占比均呈持续上升趋势（见图 3-10、图 3-11）。

2. 科技经费投入

2019 年，河北省 R&D（研究与试验发展）经费投入达到 566.7 亿元，比上一年增长 67.0 亿元，提高了 13.4%；R&D 经费投入强度为 1.61%，比上一年提高了 0.07 个百分点。近五年来，河北 R&D 经费投入总量与投入强度连续攀高，全国排名稳中有升（见图 3-12）。

2019 年 R&D 经费投入中，基础研究经费快速增加，达到 14.9 亿元；应用研究和试验发展经费仍占最大比重，占 R&D 经费总投入的 97.4%，分别是 58.0 亿元、493.8 亿元。企业 R&D 经费支出

（亿元）

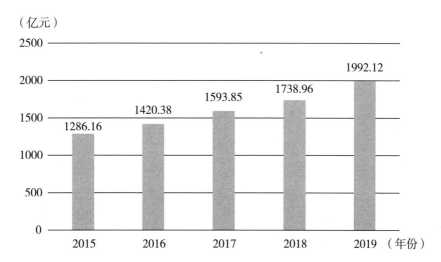

图 3-10 2015—2019 年河北省地方教育经费投入情况

资料来源：教育部和河北省教育厅网站。

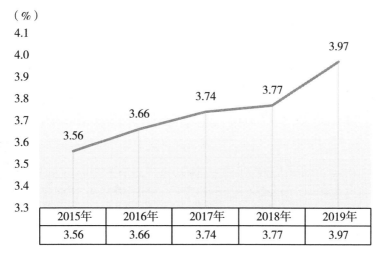

	2015年	2016年	2017年	2018年	2019年
	3.56	3.66	3.74	3.77	3.97

图 3-11 2015—2019 年河北省教育经费投入全国占比情况

资料来源：教育部和河北省教育厅网站。

持续升高，达到 489 亿元，比上年增长 15.6%，占 R&D 经费总投入的 86.3%。2015—2019 年，R&D 基础研究经费和企业 R&D 经费支出均呈显著上升态势（见图 3-13）。

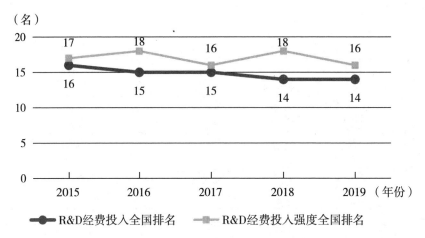

图 3-12　2015—2019 年河北省 R&D 经费投入及强度全国排名

资料来源:2015—2019 年《全国科技经费投入统计公报》。

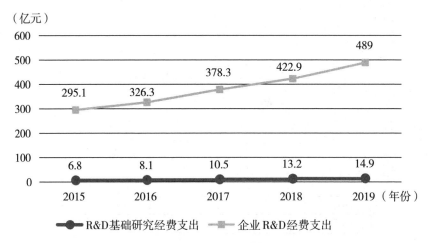

图 3-13　2015—2019 年河北省 R&D 经费支出分布情况

资料来源:2015—2019 年《河北省科技经费投入统计公报》。

二、河北省人才工作取得的成效

(一)人才规模、质量得到新提升

前述河北省人才发展的现状表明,河北省无论在人才规模上,还是在人才质量上都不断得到提升。2019年底,河北省人才资源总量达到1136.58万人,且呈平稳上升态势。两院院士、省高端人才、国家级百千万人才工程人选、省"巨人计划"领军人才、省"百人计划"专家、省管优秀专家、享受国务院政府特殊津贴专家、享受省政府特殊津贴专家、省"突出贡献技师"等高层次创新人才总量不断增加。截至2019年底,河北省现有"两院"院士19人,享受国务院政府特殊津贴专家累计2477人,省级有突出贡献中青年专家累计1631人,"百人计划"省级特聘专家144人,河北省政府特殊津贴专家718人,"三三三"人才工程一层次人选140人,二层次人选1297人,三层次人选14000人,全省大约共有2000名博士后人员进站从事科学研究。

(二)引才引智工作取得新成果

为了提升在京津冀区域甚至在全国的人才综合竞争力,近年来,河北省大力开展了引才引智工作。一是积极构建区域人才合作协调机制。完善京津冀人才联席会议制度,签订协同发展合作协议,持续推进各类人才合作和智力引进;通过举办诸如"京津冀招才引智大会"(到2021年已经举办九届)等一系列关于人才合作、人才共享、人才一体化为主题的相关会议,建立起符合京津冀区域现实情况的常态化区域人才一体化合作协调机制和制度。二是推进各类引智计划。2017年,启动实施了引智共建蓝天计划、新型城镇化计划、京津冀协同发展计划、民生引智计划、农业引智计划和冬奥项目引智计划"六大引智计划",加速实施引智工作,不断引进各类专家,成为河北引智工作重要品牌,引进专家层次不断提升。三是深入实施"百人计划"。组织七批海外高层次人员"百人计划"评选工作,充分发挥用人单位的主体作用,利用海外人才资源,全方位引进海外高层次人才。

（三）人才评价工作实现新跃升

一是拓宽人才成长渠道。在认真总结全省人才队伍建设的经验和不足的基础上，大胆改革创新。主要包括：健全人才管理服务链条，改变以往重评选、轻管理的倾向，形成省"三三三人才工程"人选、省政府特殊津贴专家、国务院特殊津贴专家、全国杰出专业技术人才梯次选拔、分级培养模式。拓宽各类专家和人才选拔路径，实行科研、技术和管理分类申报，着重从成果、课题、效益、专利等多渠道选才。如在2016年省政府特殊津贴专家申报过程中，增加院士和专家联名推荐，为优秀人才畅通了上升渠道。全面放开申报范围，不受地区、部门、行业限制，部分驻冀中直单位专业技术人员纳入专家、人才管理范围。二是规范职称评审程序。从抓规范、抓完善、抓提高入手，确保职称评审各项工作更加规范。规范申报推荐行为，严格按程序、标准组织申报推荐工作，创造公平竞争的申报环境；对评审行为进行规范，重新修订评价标准，对业绩奖励目录进行规范明确，科学确定评价标准，并按照重业绩、重能力、重创新的评审原则组织评审，申报评审质量明显提高；规范民主监督行为，严格"三公开"制度，大力推行评审结果告知制度的落实，增强评审的透明度，确保客观公正；规范调控行为，确保专业技术人才队伍结构科学合理，有序增长。

（四）环京津人才合作平台搭建取得新进展

为贯彻落实《京津冀协同发展规划纲要》（中发［2015］16号）①，积极推进京津冀区域人才合作，河北省积极筹措搭建环京津人才合作平台。一是对接区域人才合作项目。加强与京津联系，增强人才交流互动，积极争取寻求多方面合作，如人才培养、成

---

① 《京津冀协同发展规划纲要》（中发［2015］16号），2015年4月30日。

果研发、科技项目等方面,推进了一批合作共赢的人才合作项目落地结果。二是共建人才创新创业平台。协调京津支持河北省建设"中国(河北)博士后成果转化基地"和"专家服务基地",创新工作举措,推动人才合作项目取得实质性进展。三是建设"海内外高层次人才创业园"。在唐山市曹妃甸区和沧州市渤海新区建设"海内外高层次人才创业园";张家口市发布《关于高层次人才创新创业园建设有关问题的通知》,交流并推广"环首都高层次人才创业园"建设丰富经验;推进一个市至少有一个高层次人才创新创业园规划布局。四是实施"互联网+"行动计划。鼓励各类专家人才通过"互联网+"深入开展服务基层活动,依托河北主导产业项目需求,发动专家深入基层、企业、一线解决实际问题。

(五)人才创新载体建设获得新突破

一是加强博士后人才载体建设。经过多年培育发展,截至2020年底,全省共设立博士后人才平台298个。其中,博士后科研工作站105个,博士后科研流动站58个,博士后创新实践基地共174个。逐渐形成以学科齐全、领域前沿、分布广泛为特征的博士后人才工作体系,现已培养近2000名博士后。二是加快职业技能公共实训中心建设。探索提出实训中心建设"1+N"模式,全省现有国家级、省级高技能人才培训基地30个、66个。三是大型国有企业普遍设立"首席技师""工人专家",通过积极搭建平台,为各类人才提供了广阔舞台。

三、河北省人才工作存在的问题

(一)人才引进政策较为单一

近年来,随着各类人才流动范围和地域的拓宽,全国各省市纷纷出台相关人才引进政策,进行"抢人大战"。河北省基于人才流失的现状与面临的外部压力,全省及各地市也不断出台相关政策以吸纳引进、留住优秀人才,避免人才流失现象恶化。如省会石家庄市在 2015 年颁布《关于深化户籍制度改革的实施意见》,提出"全面放开县(市)城区和建制镇落户限制"政策意见;2017年,为引进高层次人才,推出人才绿卡政策;2018 年,为引进优秀大学生和硕士,制定大学生落户政策,对想要在石家庄落户的大学生,提供 5 万—15 万元一次性购房补贴,帮助大学生购买首套住房;2019 年,又进一步全面去除城区、城镇在落户方面的门槛,实现"零门槛"落户政策等。单以落户政策为例,该政策虽是石家庄市在新一轮"抢人大战"中使出的"绝招",但并没有达到既定预期。相比石家庄市较早实施户籍新政的陕西省西安市,自 2018 年以来,新增人口突破 100 万人,但石家庄市的新增人口则相对较少。究其原因,主要是实施的引才政策仅侧重于人才落户和购房项目,形式比较传统、单一。相比较,北京、天津、上海等城市在引进人才方面,则途径多样、内容丰富,不仅加大资金扶持的力度和福利吸引的强度,还对人才引进形式进行一系列创新,比如为高层次人才提供项目研发经费支持和财政支持,为解决高层次人才后顾之忧,给其配偶提供工作岗位、解决子女入学教育等。

(二)人才流动存在政策壁垒

河北虽内环京津,但由于京津冀三地人才政策尚未实现互通,三地之间没有统一的认定标准、统一配套的规章制度以及完善的人才流动机制,导致京津冀三地区域之间人才流动的效果较差,河北急需人才的引入和流动存在一定政策壁垒。现阶段京津冀区域人才内部流动存在的壁垒主要体现在两个方面:一方面,京津冀三地拥有各自的优势资源(劳动力资源、社会资源等)和生产要素

（人才、技术等），三地内部之间对人才的需求存在差异，导致其在引才、用才标准及人才引进、人才培养政策方面存在较大差异；另一方面，京津冀三地各自所颁布的人力资源和社会保障制度，以及户籍准入政策等没能够实现区域间的有效对接，再者京津冀三地间职业资格评定体系政策存在不同。政策壁垒不仅使各类人才在京津冀区域内部无法实现自由有序流动，而且成为长期困扰河北省人才工作的瓶颈障碍。

（三）政策规划落地受制较多

自 2017 年《京津冀人才一体化发展规划（2017—2030 年）》出台以来，区域内各省市的人才优惠政策、人才引进政策也陆续出台，河北在落实各项人才政策过程中，尚存在较多的困难和问题。原因在于：京津冀人才一体化的相关政策是由三地人才领导小组组织拟定和推动实施的，河北的人才管理部门根据相关人才政策具体推行时，由于客观存在不同地区经济发展水平和公共政策、服务情况的落差，因此，很难按照规划设定的目标达到理想的预期成效。如为吸引更多京津区域优质人才，河北省虽然也制定了一系列诸如"外专百人计划""英才入冀"等优惠政策，但由于河北在地域和发展上相较于北京和天津存在的先天不足和劣势，大多数人才的第一和第二顺位选择更多还是偏向北京和天津两地，最后才会考虑河北省。理想与现实的矛盾冲突使京津冀人才一体化发展步履维艰，河北的人才工作必须在借力京津、推进人才共享的大思路上做好文章。

（四）人才管理机制不够完善

制约河北省人才工作开展的深层次原因是不完善的人才管理机制。人才管理机制贯穿人才"选、育、用、留"全过程，包括薪酬水平、管理制度、人才培养、资源配置、考核评估机制、激励制度、发展前景、组织文化建设等多个方面。人才管理机制的完善与否是发挥人才价值的关键,只有不断完善人才管理体制,才能真正吸引人才、用好人才、留住人才。一方面,河北省尚未形成完善的人才市场体系,对于人才供给机制、价格机制、竞争机制和激励保障机制尚不明晰。对人才的统一发展规划、项目评估研究、人才统计、人才评价等工作多由政府主导组织,各类行业协会与社会组织在人才发展、管理中并未发挥应尽的职责,用人单位也缺少人才引进与使用的主动性。另一方面,对于高层次人才的就业,无法提供完善的人才保障机制,人才诚信机制也没有正式确立。在人才流动方面,还没有达到人才流动的"零体制障碍"和"零体制成本"目标,相对于其他省份,人才流动存在体制障碍,流动信息与流动渠道不够通畅,流动成本相对较高。

（五）人才发展环境尚不优良

长期以来,河北人才流失问题未得到有效缓解,急需的高层次创新人才引进也困难重重。造成这一局面的重要原因在于人才发展所需要的制度环境、法制环境、文化环境、服务环境、营商环境、生态环境等不够优良。如河北省个人薪资水平低,与人才的预期存在较大差距;在人才作用发挥上,不能进行合理的资源配置,不能充分挖掘人才的潜在价值与创造力;一些企业人才的培养不到位,用人单位只负责人才引进而不考虑人才的长远发展,专业技能培训少,缺乏具体措施,一定程度上制约企业核心技术的发展,影响人才竞争力;考核与激励制度不完善、不透明,影响人才公平竞争,挫伤人才的积极性、主动性;有的用人单位人才晋升空间有限,后续发展前景不明晰,无法满足人才的更高层次发展,缺乏发展的后劲与动力;有的用人单位忽视企业文化建设与人文关怀,一味以利益为出发点,缺乏企业文化与企业精神,无法形成有效的组织凝聚力,不利于人才团队协作;有的用人单位对于员工缺失"惜才""爱才""敬才"的人本管理思想和理念,造成人才"引不进""用不好""留不住"。

第四章　京津冀人才一体化
发展壁垒分析

《人力资源和社会保障部关于充分发挥市场作用促进人才顺畅有序流动的意见》(人社部发〔2019〕7号)①指出:根据国家主体功能区布局,建立协调衔接的区域人才流动政策体系和交流合作机制,打破阻碍人才跨区域流动的不合理壁垒,引导人才资源按照市场需求优化空间配置。目前在京津冀区域,人才一体化发展尚存在较多障碍。本章在前文基础上,主要从观念认知、政策制度、体制机制和平台建设角度全面分析京津冀人才一体化发展面临的壁垒问题。

第一节　观念认知壁垒

观念是沉淀于人们内心深处的对某事物的看法、态度及价值取向。观念决定行为,有什么样的观念,就会有什么样的行动。

京津冀人才一体化发展需要建立顺应时代发展的、先进的人才观念,以便尽快实现由人才服务或支撑发展向人才引领发展的战略思维转变。当前,愈演愈烈的人才大战虽然对传统的人才归

---

① 《人力资源和社会保障部关于充分发挥市场作用促进人才顺畅有序流动的意见》(人社部发〔2019〕7号),2019年7月31日。

属、使用和服务观念带来不小的冲击,但由于观念的形成是日积月累的产物,很难在短时期内改变,京津冀人才一体化发展仍然受到较多固有的、陈旧的、过时的观念影响。

一、人才归属观念

传统人才观念以人事关系为基础,各方的人才意识仍然摆脱不了人事所有权与独占思想。如认为:人才首先是属于单位、部门的,其次是属于所辖区域的,跨部门、跨区域就是人才的流失。在这种观念认知下,人才是为某一个用人主体服务的,谁所有谁使用,并不能分享价值给其他需求方。这种人才归属观念加上刚性的制度约束,使一些人才资源难以得到充分利用,人才流动、共享、合作均面临制度性和体制性障碍,最终导致人才资源的极大浪费。

随着京津冀人才一体化发展的深入推进,人才归属观念在逐渐淡化,单位、部门、区域对人才的所有权也在逐渐弱化。但由于这种人才归属观念有着根深蒂固的小农文化思想基础,京津冀区域,特别是经济发展相对落后和边远封闭的地区,传统落后的人才归属观念仍然存在于较多人的头脑中,并严重束缚着人才供给方和需求方的人才合作创新。

另从合作博弈视角来看,"零和博弈"思维就是传统人才归属观念的具体体现,是人才一体化发展的最大障碍。"零和博弈"思维下,人才的使用和开发不可能充分,人才的积极性和创造性也不可能得到发挥,甚至造成人才闲置浪费。在京津冀人才一体化发展进程中,只有将思维从静态的人才固化自封转向动态的人才价值创造和潜力发挥,从"零和博弈"的人才竞争转变为"非零和博弈"的人才合作共享共赢,才能够充分释放区域人才的潜力和活力,进而推动形成"人尽其才,各得其用"、融合互补、共享合作的一体化发展理念。

二、人才使用观念

市场经济条件下,人才本身具有很强的自主性、流动性,难免会受待遇、环境、政策等诸多因素影响而选择流动,硬性留人不但留不住人,而且容易造成对人才的伤害。长期以来,在区域人才的使用上,一直存在如何正确处理"为我所有"与"为我所用"的认知关系问题。

京津冀地区涉及多个人才使用主体,区域差异明显,单位差异突出。一些地方政府或用人单位出于自身经济利益、社会利益甚至政治利益考虑,往往不顾自身实际,不考虑承受能力,不管人才发展效果,更不考虑长远需要,一味地追求"为我所有"。一方面,造成现有人才出不去、用不活;另一方面,也造成引进的人才"供养不起""消化不了",无形中造成人才的高消费甚至闲置浪费。这种单一、僵化的人才使用观念,既不利于人才作用的充分发挥,也不利于当地经济社会的良性可持续发展。京津冀人才一体化发展必须破除这一观念壁垒,代之以"不求所有,但求所用"的理念认知。

"不求所有,但求所用"是一种更加开放、灵活,体现共享共赢思想的人才使用新观念,与当前开放共享的大数据时代思维一脉相承。只有让人才动起来、活起来、用起来,牢固树立人才"以用为本"和人才资源"一盘棋"思想,才能更好地推动区域协调发展的贯彻落实。

京津冀人才一体化发展实践中,用人主体面对人才资源有限、人力成本较高的现实,没有必要将人才完全据为己有。要树立人才外流也是人才交流、在外人才也是在外资源的观念,"不求所有,但求所用",强化使用权、淡化所有权,赋予所有权与使用权关系新的内涵,唯有如此,才能真正推动人才一体化向深度和广度发展。

三、人才服务观念

京津冀协同发展的一项重要任务是疏解北京的非首都功能,人才服务的观念、意识和水平不但会成为北京非首都功能向外疏解中相关人才承接的制约,也会对京津冀人才一体化发展带来观念认知壁垒。

不可否认,在现行的人才工作中,京津冀三地行政化的思想依然存在。"尊重知识、尊重人才、尊重劳动、尊重创造"的氛围尚不是很浓,特别是作为相对落后的河北省各地方,以"人才为本"的思想树立得还不够牢,关心和改善人才的生活条件,解决人才住房、医疗、就业、子女教育、社保等实际问题的能力有待提升、方法有待丰富和创新,一定程度上成为制约人才与资本流动的主要障碍。如果区域内服务人才的意识和水平差距不能缩小,人才流动的去向还会倾向于留在人才服务意识和水平较好的京津区域,人才支撑京津冀区域合理分工和协同发展的目标就会落空。只有强化服务人才的观念、意识,并大力强化教育、文化、医疗、养老、生态环境等人才服务基础和配套制度建设,最大限度实现京津冀基本公共服务均等化,京津冀人才一体化发展才能有较强的内生动力。

第二节　政策制度壁垒

区域人才合作综合性强,牵一发而动全身,需要区域各方在经济社会发展、人事人才、社会保障、科技教育、户籍管理、财税金融等政策制度的制定上统筹规划、协调配套、相互衔接。《中共中央关于深化人才发展体制机制改革的意见》(中发[2016]9号)①指出:要勇于打破户籍、地域、身份、学历、人事关系等政策制度制约,促进人才资源合理流动、有效配置。

从目前情况看,京津冀人才一体化发展过程中,三地都不同程度缺乏从区域整体观念来规划设计当地相关政策的自觉,因而在户籍管理、社会保障、档案管理和人才评价等政策制度层面依然存在不容忽视的较高壁垒。

一、户籍管理制度

长期以来,户籍制度造成严重的城乡分割,成了人才从小城市到大城市,从农村到城市正常流动的阻碍。当下的户籍管理制度已进行了大幅度的改革,农业户口与非农业户口差别在政策上已淡化,人才自由流动的障碍有较大松动,不过依旧存在一些问题。

现阶段,京津冀户籍管理制度仍处于割裂状态。这虽是京津两地限定人口规模的重要政策手段,但客观上成为阻碍京津冀地区人才流动的一大障碍。一方面,户籍制度导致了人才市场的不公平。在职位要求上,北京、天津的用人单位在招聘时往往有明确的户籍限制,如公务员、事业单位等职位的招聘;在福利待遇上,户籍制度一般与教育、医疗、住房等紧密联系在一起,如北京、天津对于非本地户口子女的教育有着严格限制,为调控房价对非本地户口人员的购房也实施一系列限制措施等。另一方面,户籍制度增

---

① 《中共中央关于深化人才发展体制机制改革的意见》(中发[2016]9号),2016年3月。

加了人才流动的成本,某种程度上给人才流动增加了一定的难度。再一方面,户籍制度加剧了人才虹吸现象。户籍制度的背后实际上承载着特殊的社会功能,隐藏着不同的福利待遇标准。北京、天津的户籍之所以有很强的吸引力,最重要的是其背后所隐藏的就业、补贴、社会保障等方面的利益。特别是高层次人才对这些方面的考量和选择的余地较大,基于利益最大化的考虑会更加愿意去取得京津的户籍。京津对人才,尤其是高层次人才形成的虹吸效应与此不无关系。

二、社会保障制度

社会保障是京津冀协同发展的基础性工作。近年来,伴随经济社会发展和政府政策推行,京津冀区域的社会保障协同得到一定程度改善,但仍然有很多问题需要解决。目前,影响京津冀人才一体化发展社会保障领域的壁垒主要体现为地区发展上的不平衡。

第一,京津冀三地社会保障的各项指标存在较大差异。河北社会保障大多数指标都低于京津,近一半指标与京津差距较大,其中的城乡居民人均养老保险支出及基础养老金标准差距最为明显。如 2017 年河北社会保障水平分别只相当于北京、天津的66.7%、73.2%。

第二,京津冀三地社会保险缴费标准各不相同。不仅存在各统筹地区社会平均工资水平的差异,而且在缴费政策上也不尽相同。就养老保险而言,京津以社会平均工资为缴费基数,河北则是以全省上一年度在岗职工平均工资为缴费基数,其结果导致同一收入水平的人在京津冀不同地区缴费金额上的不同。

第三,京津冀三地的征缴机构不同。一直以来,北京、天津的社会保险费由社保机构征缴,而河北由地税局征缴。虽然国家已出台政策要求自 2019 年起统一归税务部门征缴,但是从政策出台到落实还需要一段时间。

第四,京津冀三地在养老保险关系跨省转移接续和医疗保险异地就医报销结算方面存在较多政策上的不统一。加上京津冀各地区、各社会保障部门之间信息沟通机制的不健全,导致社保机构办事效率低,各项社保事项办理要多跑很多冤枉路。

第五,京津冀三地在社会福利和社会救助等方面存在较大的支出差距。

综上所述,京津冀三地经济基础和财政收入存在差异,社会保障政策缺乏一致性,各个地区的支付方式、政策和程序不统一,客观上带来人才在流动或共享过程中的社保延续问题,一定程度上成为京津冀人才一体化发展的社会保障壁垒。

三、档案管理制度

人事档案起源于苏联,用于记录个人经历,评估、考量,政治见解,思想道德评估,等等。长期以来,人事档案由该公民所在的公民身份机构管理。随着经济社会发展,人才档案管理的缺陷也逐步显现出来,主要体现为:人事档案在不同性质单位之间的地位差距限制了人才在不同单位之间的自由流动。京津冀区域的人才流动也不例外。一方面,留档案不放人的现象普遍存在,并对人才自由流动产生影响;另一方面,档案管理相关法制建设相对滞后。如存在休假和解雇、兼职雇用、调解员监督、流动人员档案管理、仲裁、人才流动纠纷等人事政策方面的冲突;在人才市场上,缺乏人才中介服务担保金制度、人才中介组织审计制度等,一定程度上影响到人才市场的良性发展,阻碍人才的自由流动。

四、人才评价制度

人才评价是衡量人才的重要标准和尺度,推进以职称证书等为表征的人才评价互认互准是京津冀人才一体化发展的应有之义。2016 年以来,京津冀三地按照中央关于人才体制机制改革的重要精神,在各地的人才评价、深化职称制度改革方面做了大量工作。如京津冀三地人才评价改革不断向纵深发展,在人才评价标准、认定等方面不断强化协同推进。2016 年,京津冀三地还签订了《北京市人力社保局、天津市人力社保局、河北省人力社保厅关于京津冀专业技术人员职称资格互认协议》①,成为推动职称证书互认、互准的积极政策。

总体来看,京津冀区域在人才评价及职称制度改革方面虽然有一定的力度,取得了相应成效,但从制度整体实施上来讲仍然是以三地独立改革为主,一定程度上造成评价标准比较单一、政策衔接不够精准等现实问题,需要在推进统领性改革和落地见效上再下真功夫。

第三节　体制机制壁垒

京津冀区域虽然历史上就是一个整体,但是由于北京是首都,天津是直辖市,在中国按照行政区来配置资源,大家都在自己的行政区的管辖范围内,这个整体就被行政管理区域分割了。行政管理之间形成壁垒,必然影响到人才要素的有效流动,因而在构成京津冀人才一体化发展的诸多障碍中,最大的障碍仍存在于体制机

---

① 《北京市人力社保局、天津市人力社保局、河北省人力社保厅关于京津冀专业技术人员职称资格互认协议》,2016 年 10 月。

制壁垒方面。

京津冀三地在经济、政治、功能定位等各个方面都存在不小的差别。京津是中央部署的直辖市,北京更是作为国家首都及政治经济中心,北京拥有大型国家研究机构和大量科学研究者,包括三分之一国家级重点实验室,半数两院院士,五分之一以上高新技术企业,各个大型中央总部、大学和研发机构,还有许多重要的国家基础设施也集中在北京;天津全力建立打造北方经济枢纽,国家给予重点支持;河北省较多扮演"服务者"角色,取得国家的重点支持相较京津来说比较少。行政管理区域差异导致各自以区域自身发展为重点,京津冀协同面临很多困难。

京津冀人才一体化发展需要实现人才在区域内的自由流动。目前的人才合作更多是行政区划范围内的合作,存在持续在体制内打转的现象,区域内分工合作难度大,人才流动受到较多限制,京津冀人才一体化发展仍面临不小的体制机制壁垒。

一、组织机制

2014 年以来,国务院虽然成立了由中央高层领导担任组长的京津冀协同发展领导小组,较好解决了顶层设计和统筹规划、协调问题,但由于行政管理的组织链条较长,加上长期形成的相对固化的条块分割现状,区域内各层级有关人才合作稳定沟通组织机制的建立与完善尚需时日。

从组织纵向层面看,省、市、县三级政府在京津冀区域人才合作过程中并没有形成有效合力,政府间统筹协调力度尚不够。一些基层政府缺乏有效的对上的组织沟通与协调,"等、靠、要"现象、"单打独斗"现象较为普遍。主要表现为:一是思想不够解放,远没有树立起人才合作创新的理念,长期存在"重项目,不重视人才""重本地人才,不重视外来人才引进"的现象;二是不能根据区域经济发展差异以灵活方式吸引人才,产业发展规划不明确,人才发展思路不清晰,吸引人才的力度不强,人才合作渠道不畅通;三是尚未建立起良好的人才合作发展环境,一些基层地方以牺牲环境来换取 GDP,导致发展环境和创业环境较差,制约区域内人才的合作发展;四是过度依赖现有行政手段和行政资源吸引人才,一些基层政府主要靠给编制、解决职称等手段吸引人才,并不注重系统机制的构建与完善。

从组织横向层面看,虽然在京津冀协同发展的背景下,市场、教育、民政、社保、医疗等领域对口部门间的深入协同有了较大进展,但是横向联合多部门联动的人才一体化合作机制尚未形成。区域人才合作及一体化发展通常涉及较多政府组织机构,仅依靠人力资源部门进行协调,难度大、局限大、效果差。例如:人才的流动涉及户籍、社会保障问题,需要同公安和劳动部门协调;人才合作培养、学历认证需要教育部门的参与;人才开发一体化的长期规划需要同发改委、教育、科技部门协商;等等。京津冀人才一体化涉及三地的多项工作职能,其区域人才发展不可避免需要多部门间的统一协调和深度合作。目前京津冀三地的人才合作主要依靠"联席会议",且多限于组织、人力资源部门之间的合作,合作有待进一步拓展和深化。

二、协调机制

京津冀协同发展需要有三地政府间的统筹、协调与运作作为保证。近年来,伴随京津冀协同发展进程的不断推进,人才一体化发展的相关政策也应势而生。2017 年,京津冀三地人才工作领导小组联合印发了《京津冀人才一体化发展规划(2017—2030 年)》,

对推进各项工作的落实起到了积极的促进作用,但是在政策的实施过程中尚存在协调不畅的问题,不同地区在推进政策实施时很难做到步调一致,达到的效果也参差不齐。

一是缺乏协作动力。京津冀三地政府在京津冀人才一体化发展中的地位存在偏差,京津人才深度区域协作的动力缺乏。北京以首都和世界城市自居,天津以直辖市、滨海新区、港口优势自居,北京、天津因有相对河北更优质的城市品质和公共服务资源,人才自我发展的意识较强、空间较大、发展际遇较好。河北相对京津处于"人才洼地",虽然对京津冀人才一体化发展具有较高的期待,但京津冀三地固有的政治、经济地位落差,使河北很难与京津真正实现人才资源的无障碍共享。

二是缺乏协作约束力。如果仅有规划而无相应的刚性约束机制,京津冀人才一体化发展很难取得实质性进展。现阶段,京津冀三地虽然举行有较多的人才合作联席会议、工作会议、协调会议,以及不同层次的高端论坛和学术会议,但协调机制相对松散,如缺少规划、协议、举措、协调落实效果的评估评价、责任认定等,导致规划、协议的落实效果不佳。

三、动力机制

北京和天津作为直辖市,不管是经济发展水平、公共资源配置还是社会福利保障,都明显优于河北,河北身处"人才洼地",很难硬性阻碍当地人才资源的流失。为此,需要构建京津冀三地人才优化配置的动力机制,以确保人才的共享合作和一体化发展。这不仅有利于河北省加速发展追赶京津两地,而且有利于实现区域人才价值的最大化呈现。

目前,京津两地为招募到优秀的人才,提出一系列优惠政策,例如天津的"海河英才"行动计划,降低在天津落户的门槛,促使大量技术性人才以及高学历人才快速向天津流动。河北省虽然也推出了"零门槛落户"以及"租房住房补贴"等引才政策,但是先天存在的与京津两地的落差,使得高素质人才更优先选择北京和天津。《京津冀蓝皮书:京津冀发展报告(2021)》①显示:2016—2019年,京津冀的人才净流入占比分别为-0.4%、-1.9%、-2.9%、-4.0%,人才净流出且流出规模逐渐扩大,其中主要因河北因素所致;河北经济发展及公共服务水平与京津相比仍存在较大差距,河北承接京津产业转移、合作共享能力不足,引才难、留才难问题始终存在。

由于缺乏合理的人才一体化发展动力机制,京津冀三地的合作意愿不但不强烈,反而因利益驱动使竞争更为激烈,三地只注重自身城市的发展,并不顾及其他。作为区域协同整体,京津冀三地尚不能完全做到互帮互助,这与京津冀协同发展的大目标相悖。人才一体化发展动力机制的缺失,直接导致三地无法形成互动良性合作,不仅难以促使京津人才资源向发展相对落后和缓慢的河北流动,而且难以顺利推进人才一体化发展目标实现,进而阻碍京津冀协同发展进程。

四、市场机制

在市场经济条件下,人才作为最重要的生产要素,应当在市场的决定性作用下实现最优配置。

目前,京津冀行政区域相互独立,其内部的人才市场机制作用发挥并不充分,区域内统一的人力资源市场尚未形成,人力资源的

---

① 《京津冀蓝皮书:京津冀发展报告(2021)》,2021年7月10日。

配置仍以各自区域政府主办的人才市场为主导。一方面,市场分割依然存在,原人事部门主管的人才市场、原劳动部门主管的劳动力市场和社会上各类人才中介机构并存,没有形成长期高效的互认机制。另一方面,人才市场的服务内容和方法手段比较单一,多数只提供人才招聘、求职信息发布、档案代管等特定服务,人才高端服务方式匮乏,特别是针对高层次人才特点的服务功能不强。加上京津冀尚未建立统一的人才信息网络,人才供求信息的汇集与发布尚未成为三地的公共服务产品,信息资源还没有实现区域内共享,人才合作共享的市场机制有待进一步建立和完善

第四节　平台建设壁垒

伴随信息技术在全球的蓬勃发展,信息技术越来越成为推动各类资源跨时空配置的重要力量。信息技术能否在人才市场对接、人才合理有序流动及人才信息共享等方面发挥作用,对区域人才的一体化发展有着直接的影响。就京津冀人才一体化发展和人才合作而言,迫切需要充分运用信息技术构建互联互通的各类平台,目前的平台建设尚存在较多壁垒。

一、人才信息共享平台

在一定区域范围内,人才信息共享平台指的是没有地域边界限制,各地可以共同享有的信息平台。通过这一平台可以获取各类人才需求和供给信息,实现人才资源的合理流动、配置。

至今,京津冀区域还没有建立一个统一的总的人才信息共享平台,人才信息除了各地人力资源和社会保障系统掌握的官方数据和资料以外,目前仍然是以各地人才服务企业掌握为主。一方

面,因没有统一的人才信息发布渠道,所以很难形成本区域人才互补的优化配置优势;另一方面,又因缺少系统的专业人才信息专家库,所以也就缺少对本区域内人才供需状况的总体把握,一定程度上限制了人才的正常合理有序流动。

另外,基于京津冀人才事业发展、人才资源的现状,三地虽然都各自建立有不同的人才信息平台,但随着区域协同发展的深入推进,发展各异的人才信息平台衔接难的问题也成为制约京津冀区域人才共享合作的另一障碍。

京津冀现有人才信息平台之间的衔接在客观上存在很多障碍。一是主体多,不仅涉及三地政府,而且还涉及人才市场、人才服务企业;二是种类多,数据庞杂,哪些平台需要衔接,哪些平台没必要衔接,需要考虑机会成本和有效价值;三是技术限制,现有信息平台数据庞杂、最初的人才信息统计口径设置不同、数据留存筛选的取舍标准不同,在此情况下的衔接统一是复杂的技术问题;再加上人才数据、人才资源客观存在的知识产权等问题,现有人才信息平台的衔接任重而道远。

二、人才社会组织平台

区域人才合作有赖于高效的办事机构、完善的服务体系、周到的分工协作。其中,区域性人才社会组织平台建设,以及由其提供的中介服务是区域人才合作的重要渠道。

目前,京津冀地区人才社会组织培育发展总体不足,规范管理、技术手段也不够。实际上,在京津冀人才合作过程中,资金、技术、发展平台和环境是人才共享合作的关键因素,而作为人才社会组织平台的中介组织机构则是确保人才畅通流动、配置的助推器。在市场化背景下,只有尽可能完善专业中介服务组织机构建设,鼓励相关社会组织平台在人才流动服务中发挥积极作用,才能保证在更大程度上提高区域人才合作的效率。

就京津冀区域人才一体化发展而言,最理想的状态是人才通过中介组织机构实现自由流动、配置,但实际情况远非如此。一方面,各地人才市场因隶属于行政部门,与行政部门挂钩紧密,无法充分发挥应有的市场作用;另一方面,在提供人才中介服务的相关组织机构数量功能上,尚无法满足区域人才共享合作的实际需求。如行业协会(学会)、各类人才服务组织等作为中介社会组织的力量还较为薄弱,相关研究及数据信息无法准确反映区域真实情况;人才中介服务功能也不能得到充分显现;等等。有专业机构通过对人才来源渠道的抽样调研发现:京津冀地区企业通过合作单位推荐或其他人员推荐的占 15%,而通过中介机构招聘人才的仅占 6%(见图 4-1)。

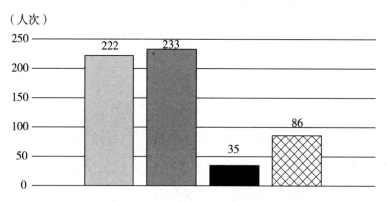

（人次）

图 4-1　京津冀地区企业人才来源渠道情况（2017 年）

资料来源:《区域人才合作政府职能定位研究》。

三、人才合作承载平台

在京津冀协同发展进程中,京津冀三地虽然在深入推进高层次人才创新创业园、创新发展平台、博士后创新平台等一系列人才承载平台建设上取得成效,如建设了重点实验室、工程研究中心等创新平台,建设了博士后创新实践基地、众创空间、创业就业孵化基地实践平台等。但就其整体而言,京津冀协同创新合力尚未形成,津冀创新人才合作承载力仍显不足。《京津冀蓝皮书:京津冀发展报告(2021)》指出:中关村科技成果除北京本地转化外,五成多落地长三角、珠三角地区,仅有不足一成落地津冀地区。这充分说明津冀创新体系发展较弱,人才合作承载力严重不足,无法实现与北京的有效对接。

第五章　发达地区人才发展的
　　　实践探索

　　早在 2010 年,《国家中长期人才规划纲要(2010—2020年)》就明确提出:"要建立完善与西部大开发、东北地区等老工业基地振兴、中部地区崛起、东部地区率先发展战略相配套的区域人才交流合作机制,加快长江三角洲、珠江三角洲、环渤海等区域人才开发一体化进程。根据国家主体功能区布局,引导各类人才合理分布。"①相较于其他区域,长三角、珠三角因处于改革开放前沿地带,无论在区域经济一体化方面,还是在区域人才流动配置、人才合作开发、体制机制创新方面都相对超前一步、略胜一筹。为此,本章主要选取长三角和珠三角区域,通过分析描述其人才一体化发展的历程、相关政策举措和取得的成果等情况,为京津冀人才一体化发展和人才合作共享提供事实经验,继而为构建京津冀人才柔性共享机制,深化京津冀人才共享实践提供有益借鉴。

---

① 《国家中长期人才规划纲要(2010—2020 年)》,2010 年 6 月 6 日。

第一节　长三角的人才一体化发展

长江三角洲(简称"长三角")①是我国经济最具活力、开放程度最高、创新能力最强的区域之一。从20世纪70年代开始,长三角地区的区域人才开发一体化进程就处于国内领先的状态。进入21世纪以后,该区域的人才开发一体化工作更是进入到了一个持续高速发展的新阶段。

长三角区域人才一体化发展在我国区域发展中具有典型意义。随着区域经济的快速发展、产业结构的优化升级以及人才工作的不断加强,该区域内的地方政府已经形成了合作开发人才资源的共识。在此基础之上,地方政府着力构建服务于人才开发一体化工作的平台,努力实现区域内部人才开发方式的规范化与多样化,无论在人才培养、引进,还是在人才使用、合作、共享等方面都取得了显著成绩,形成了鲜明的区域特色。

一、长三角人才一体化发展的历程

自改革开放初期至今,长三角人才开发一体化经历了从松散到有序,从单一到多样,从萌芽探索、启动实施到稳步推进、全面发展,再到持续深化的历史过程(见图5-1)。

---

① 长三角区域最早包括长江三角洲城市经济协调会所属的涵盖上海、浙北和苏南的16个城市行政区域,即上海、杭州、宁波、嘉兴、湖州、绍兴、舟山、台州、南京、苏州、无锡、常州、镇江、扬州、泰州、南通等。后来随着时代的发展和各方要求的变化,长三角演变成为一个包括上海、江苏和浙江三省市在内的区域,再后来随着安徽的加入,长三角成为包括沪、江、浙、皖四省市的更为宽泛的区域。

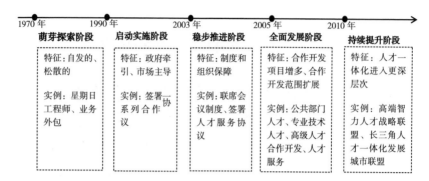

图 5-1　长三角人才合作开发一体化进程

（一）萌芽探索阶段

改革开放伊始，伴随乡镇企业的发展，上海周边城市尤其是苏南各地区尝试通过请"上海师傅"，依托"星期日工程师"来发展当地经济，自发形成了零星、松散的人才合作、人才共享。之后，随着经济的快速发展，20 世纪 80 年代中期至 90 年代中期，上海和江浙地区又相继出现了业务外包、企业项目合作等多样化的人才合作、共享形式。通过企业间技术指导、业务外包，一方面使区域内人才资源得到充分利用；另一方面也有效促进了区域经济社会的快速发展。萌芽探索时期的人才合作，尽管是松散、自发的，也是探索性的，但对于后来形成市场推动、政府引导为主，多元化、有序化的区域人才合作，对于长三角人才开发一体化工作的正式启动实施，都起到弥足珍贵的探路引航作用。

（二）启动实施阶段

20 世纪 90 年代中期以来，特别是浦东开发战略实施之后，长三角区域的人才合作正式进入启动实施阶段。2003 年 4 月中旬，长三角 19 个城市的人事局领导在上海相聚，举行首届"长三角人才开发一体化论坛"，同时签署《长三角人才开发一体化共同宣言》①。该宣言明确了长三角人才开发一体化的目标,即通过人才一体化发展服务,促进资源共享,协调和完善各项相关政策,优化制度之间的衔接性,建立人才开发的新机制,形成更加完备的人事制度和人才服务体系,实现区域内人才的自由流动。这次论坛的成功举办,正式吹响了长三角区域人才一体化发展的号角。

2003 年 7 月,苏、浙、沪三地首批人才合作项目在宁波签约,如上海市与南通市正式签署《关于两地开展异地人才服务合作协议书》,上海市与嵊州市以及绍兴市签署《关于两地开展人才异地服务合作协议书》等。8 月,苏、浙、沪三地政府人事部门行政首长在杭州就专业技术职务任职资格互认、异地人才服务、博士后工作合作、高层次人才智力共享、专业技术人员继续教育资源共享以及公务员互派等各项制度层面的合作达成一致,并举行协议签约仪式。9 月,上海人才服务中心又与杭州人才服务中心共同签署了《人才服务合作协议书》以及《人才网站合作协议》。一系列合作协议的签署,标志着长三角人才开发一体化合作正式启动实施。

（三）稳步推进阶段

2004 年 6 月,上海、江苏、浙江三地政府联合举办第二届长江三角洲人才合作会议,该会议催生了长三角人才开发一体化联席会议制度。为共同解决区域内部的人才问题,在协同推进人才开发一体化进程的同时,会议决定设立专门负责人才合作工作的行政机构。该机构由来自上海、江苏以及浙江的工作人员共同组成。

此外,会议还针对长三角人才开发一体化进程中存在的一些具体问题提出应对策略。如为解决人才流动过程中存在的人事争议问题,上海、江苏、浙江三方共同签署《关于开展人事争议仲裁

---

① 《长三角人才开发一体化共同宣言》,2003 年 4 月。

业务协助和工作交流的协议》①,旨在解决长三角人才流动过程中所发生的人事纠纷与冲突,构建一体化人才流动服务平台;为解决"引智"工作中的相关问题,三地共同签署《关于三地引进国外智力资源共享的协议》②,旨在确保外籍专家引进过程中的信息互通与资源共享;为有效解决人才交流过程中的具体问题,三地政府共同签署《关于定期举办网上人才交流大会的协议》③,旨在为三地求职人员以及用人单位提供定期人才交流服务,以实现人才服务共享的目标,进而确保人才交流工作更加便利更为有效开展。制度和组织上的保障,为长三角人才开发一体化工作的稳步推进奠定了基础。

(四)全面发展阶段

2005年至2010年是长三角人才合作开发工作全面发展阶段。在这一阶段,上海、江苏、浙江三地的人才合作开发项目不断增多,人才合作开发范围不断扩展,人才合作开发程度进一步加深。

具体而言,主要体现在以下几个方面:其一,在公共部门人才合作开发方面,三地政府建立并不断完善公职人员的互派制度。三地政府依据各自的工作需要以及人才培养目标,提出跨省市的公职人员交流互派计划,由各地方政府人事部门协调组织实施,主要方式为对等派遣或自愿组合。其二,在专业技术人才合作开发方面,三地政府始终鼓励专业技术人才接受继续教育,并着力推行相关教育资源共享策略。在推行这一策略的过程中,三地政府互相提供各专业、各领域的继续教育课程指南,彼此供应相关的教材

---

① 《关于开展人事争议仲裁业务协助和工作交流的协议》,2004年6月20日。
② 《关于三地引进国外智力资源共享的协议》,2004年6月20日。
③ 《关于定期举办网上人才交流大会的协议》,2004年6月20日。

目录以及教师名录,以实现教育资源共享目标。其三,在高级人才共享方面,上海、江苏、浙江三方共同建立了高级人才名录,名录涵盖在上述三地工作的两院院士以及一些贡献突出的专家学者,名录的建立大大方便了三地在高级人才上的共享;三地还不断加强博士后工作的合作力度,在充分发挥各自学科特色与优势的基础上,不断强化博士后交流工作,且逐步建立起稳定、互利、互惠的博士后合作机制。其四,在人才服务方面,三地通过互为代理、互设相关服务机构的方式为区域内各项人才工作提供服务,服务内容主要包括人才信息咨询、人才选聘与培训、智力输出、人才援助、诚信认定等。此外,为简化区域内人才资格认定的相关流程,降低人才资格认定成本,三地还不断加强专业技术资格互认制度建设。

（五）持续提升阶段

2010 年至今是长三角人才合作持续提升阶段。2010 年 10 月,南京市、苏州市、无锡市、常州市、杭州市、宁波市、绍兴市、嘉兴市、湖州市、金华市、上海浦东新区等"十市一区"的科协组织,在绍兴宣布组建长三角地区高端智力人才战略联盟,秘书处设在绍兴。该联盟旨在以产业结构调整为契机,进一步集聚高端人才和构建区域间高端人才互利共享的合作机制,是推进"十市一区"人才对话、学习、考察与交流的重要举措。

近些年,该联盟不断发展壮大,已逐渐由最初的"十市一区"扩大至二十个城市,并于 2019 年 9 月成立长三角人才一体化发展城市联盟。在第一次联席会议上,通过了《长三角人才一体化发展城市联盟章程》①《长三角人才一体化发展嘉兴倡议》②,具体内

---

① 《长三角人才一体化发展城市联盟章程》,2019 年 9 月 25 日。
② 《长三角人才一体化发展嘉兴倡议》,2019 年 9 月 25 日。

容包含凝聚人才一体化发展共识、协作加强人才政治引领和政治吸纳、协同推进人才发展体制机制改革、大力促进区域人才有序有效流动、共同培育人才一体化发展市场、推进长三角人才政务服务互连互通、推进人才创业创新服务保障互通、合力打造长三角引才活动品牌、积极建设长三角人才创新共同体、联合开展人才一体化培训工作等十个方面。《嘉兴倡议》标志着长三角人才一体化进程进入更深层次,这既是贯彻落实长三角一体化发展国家战略的生动实践,也是整合区域间人才资源的创新探索,将对长三角区域高质量发展起到积极的推动作用。

二、长三角人才一体化发展的主要内容

(一) 多样化的人才共享形式

在长三角区域人才开发一体化过程中,各地先后创新探索实践了多样化的人才合作、共享形式。如项目式人才共享、外包式人才共享、租赁式人才共享、兼职式人才共享、候鸟式人才共享、"人才飞地"共享、"揭榜挂帅"共享等。

一是项目式人才共享("揭榜挂帅"共享)。诸如高校、科研院所与行业组织间、不同地区、不同单位间,针对特定项目开展的技术咨询、管理咨询、技术开发和联合攻关、信息技术服务等均是项目式人才共享的具体体现形式。项目式人才共享以任务为导向和依托,人才随项目变化而变化,人才依项目大小、难易和完成落实情况而组合、聚散,共享形式灵活开放,人才不受人事隶属关系的过多限制,企业按实际项目需求在组织内外配置人才,充分发挥组织"内、外脑"作用,集中共同智慧合力解决关键技术问题。近年来,在项目式人才共享中,长三角区域进一步创新了一种称为"揭榜挂帅"式的共享形式。如浙江金华 2020 年 5 月首推"揭榜挂

帅"共享机制,通过需求端、供给端、服务端"三端"协同发力,打破时间关、地域关、边界关,推动"引人才"向"引技术"的战术切换,以全球大脑解金华发展难题。全年累计发布项目技术难题475项,吸引42家高校院所123个人才团队"揭榜"①。"揭榜挂帅"共享模式坚持以项目选人才,以结果论英雄,使人才要素得到高效循环,人才活力得以充分显现。

二是外包式人才共享。随着社会分工的不断深化,对于单项性、临时性的工作任务,越来越多的单位选择将其外包给外部专业机构。正所谓"专业的人做专业的事""专业的机构做专业机构的事"。单位最初的外包项目大多为一些"体力外包",伴随技术进步和区域组织技术需求、高技能工作任务需求的增加,也出现越来越多的"脑力外包"。"脑力外包"是外包式人才共享的典型形式,不仅有利于组织降低内部人才成本,而且在提高组织人才利用率、提高社会整体运行效率上体现其优势。

三是租赁式人才共享。用人单位有时会通过租赁的方式选用某类专业人才,以达到"用人不养人"的功用。参与主体一般包括用人单位、专业人才和租赁机构,且租赁机构在其中起到连接作用。即租赁机构根据用人单位的人才需求为其安排合适人选,并与用人单位协商决定租赁时间和报酬标准。租赁式人才共享以岗租人,人事成本低,人才使用率高、针对性强,人才不求"为我所有"、只求"为我所用",用人单位用人更便捷、更灵活,为更好发挥人才作用开辟了新路径。

四是兼职式人才共享。早在改革开放初期,长三角地区就探

---

① 方肇初:《"揭榜挂帅"探索新发展格局下的引才路径变革》,《中国人才》2021年第3期,第25页。

索了"星期日工程师"这样的兼职式人才共享形式。即单位人才在完成本职工作的同时,在不泄露单位重要信息,不侵犯单位合法权益,不影响单位经济利益,不损害国家、社会利益的前提下,通过开辟职业发展"新战场",获取兼职报酬,体现自身价值。在兼职式人才共享中,人才在人事关系上仍隶属于原单位,兼职一般利用空余时间进行。随着长三角区域一体化的发展,兼职人群越来越多,除临时性的短工外,也包括大量的高学历专门人才。近年来流行的"斜杠青年"等热词,其内涵就是指兼职从事多份工作的专业人才。兼职式人才共享具有临时性、短期性、灵活性特点,既有利于激发人才的潜能,也使人才资源得到最充分的配置和使用。

五是候鸟式人才共享。候鸟的主要特性在于随季节自由飞行,随着长三角人才一体化的推进,越来越多"不迁户口、不转关系",像"候鸟"一样来去自由的跨国界或跨地区开展工作的高层次人才("城际候鸟""海外候鸟")活跃在江浙沪一带。候鸟式人才共享方式,为想回国做贡献的人才和有意愿跨区域流动的人才提供了便利渠道。如部分海外人才因囿于某些因素,无法回国发展,而国内的发展又需要此类人才,通过采用此种方式,在国内有需要时,不定期回国工作,国内任务完成后,再返回海外。再如,以候鸟顾问和咨询的名义,邀请相关专家组成顾问团队,定期或不定期跨区域为长三角各单位提供技术管理咨询服务等。

六是"人才飞地"共享。近年来,浙江舟山、衢州、丽水等地为破解基层引才困局,相继探索出了一种柔性引才的新模式——"人才飞地"。该模式将传统的"本地筑巢"模式转变为"邻凤筑巢",通过跨行政区域建设飞地孵化器,实现研发、生产两地化。如浙江舟山在上海、杭州、宁波等城市建设6个人才飞地;浙江丽水借势杭州、宁波等地区位优势建立人才飞地,与此同时,还发挥华侨资源优势,打造海外人才飞地,先后建立 10 个"海外人才驿站"①。相比以往的传统模式,"人才飞地"共享模式既顾及人才的便利,又考虑了自身的实际情况,以项目为纽带,带来更多的利益共赢,也使人才上的合作更为灵活和稳固。

(二)差异互补的人才政策体系

长三角一体化发展为实现人才合作、共享带来了机遇,而如何让人才发挥最大的效用,很大程度上取决于各地人才政策的协同程度。以长三角中最具典型性的四个城市(上海、南京、杭州、合肥)的人才政策为例,可以较为全面地把握该地区差异互补的人才政策体系。

图 5-2 显示的是按照时间顺序梳理的 2015—2020 年上海、杭州、南京、合肥四个城市先后发布的相关人才政策。以下分别从人才定级与需求领域、人才专业配套支持、人才专项培养体系、人才后勤保障等四个角度分析具体人才政策上的差异性、互补性,以直观形象地了解长三角区域人才政策的基本情况,进而从政策的协同上总结人才一体化发展的经验。

一是在人才定级与需求领域方面呈现人才层次划分趋同、人才专业领域各异的特点(见表 5-1)。如上海市作为发达城市,人力资源储备丰富,结构类型多样,重视吸收海外人才、高层次科技创新人才等拔尖型人才,对于传统工业行业人才需求较少。由此决定了上海市人才政策内容对国际高端人才形成吸引力,而对其他类型人才则带来较高进入门槛。杭州市作为最富创造力的城市,近年来基于数字产业的快速发展,需要一定的创新创业型人

---

① 陈晓伟:《"人才飞地"破解基层引才困局》,《中国人才》2021 年第 2 期,第 28—29 页。

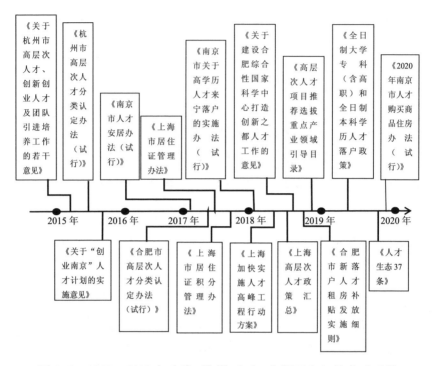

图5-2　2015—2020年上海、杭州、南京、合肥四市相关人才政策

资料来源：笔者整理。

才、高层次人才，以实现其城市创新型发展。由此，杭州市人才引入政策不仅在于吸收高层次人才，也注重吸引其他类型的人才，特别是中青年人才，为未来储备源源不断的创新人才资源。南京市作为国家重要的综合性工业生产基地、现代服务中心和先进制造业基地以及区域金融商务中心，需要创新创业人才、科技型人才及其他高层次人才，致使其人才政策措施较为集中于某类型人才层次。合肥市的经济发展基于新一代信息技术、新能源、智能制造等战略性新兴产业和制造业产业等优势主导产业，对于人才的需求则以产业领域顶尖人才、领军人才、高层次人才和创新创业团队等为主。各地人才需求差异既为长三角区域人才合作、共享提出了挑战，也提供了广阔空间。

表 5-1　长三角地区省会城市引入人才类型及产业领域

城市	人才定级	需求领域
上海	国际级顶尖人才（A 类）、国家级杰出人才（B 类）、上海市级高端人才（C 类）、上海区级拔尖人才（D 类）、青年人才（E 类）	宇宙起源与天体观测、光子科学与技术、生命科学与生物医药、集成电路与计算科学、脑科学与人工智能、航空航天、船舶与海洋工程、量子科学、高端装备与智能制造、新能源、新材料、物联网、大数据
杭州	国内外顶尖人才（A 类）、国家级领军人才（B 类）、省级领军人才（C 类）、市级领军人才（D 类）、高级人才（E 类）	大数据、云计算、物联网、移动互联网信息经济、文化创意、旅游休闲、金融服务、健康、时尚、高端装备制造等
南京	国际杰出人才（A 类）、国家领军人才（B 类）、地方拔尖人才（C 类）、高端人才（D 类）、高级人才（E 类）、中初级人才（F 类）	新型电子信息、绿色智能汽车、高端智能装备、生物医药与节能环保新材料、人工智能、未来网络、前沿新材料、生命健康等
合肥	国内外顶尖人才（A 类）、国家级领军人才（B 类）、省级领军人才（C 类）、市级领军人才（D 类）、高级人才（E 类）	汽车、家用电器、装备制造、化工及轮胎、新材料、生物技术及新医药、电子信息及软件、食品及农副产品深加工等

资料来源：根据《宝山区优秀人才分类标准（2018 版）》《上海加快实施人才高峰工程行动方案》《杭州市高层次人才分类认定办法（试行）》、浙江省《高层次人才项目推荐选拔重点产业领域引导目录》《南京市人才安居办法（试行）》《合肥市高层次人才分类认定办法（试行）》等政策文件整理而得。

　　二是在人才专业配套支持方面因各城市经济发展水平的差异与政策制度的差别化呈现不同差异。人才专业配套支持是对人才发展提供一定的物质支持以及制度保障，包括资金支持、项目援助、平台建设、技能培训和人才管理等方面。人才配套专业支持对不同的人才类型提供不同的支持，有利于"因材施策"，激发人的创造力，形成良好的竞争氛围。长三角地区各省会城市由于经济发展水平的差异与政策制度的差别化，人才专业配套支持也不尽相同（见表5-2）。通过比

表 5-2　长三角地区省会城市人才专业配套支持政策

地区	政策措施	政策来源
上海	建立更加灵活的人才管理机制;推动"双自联动"建设人才改革试验区;改革科技成果转化制度;加大科研人员股权激励力度;加大科研工作绩效激励力度;完善科研人才双向流动制度;优化博士后培养机构运作机制;改革人才评价制度;构建创新型人才培养模式;加大科技创新人才培养力度;大力发展众创空间;拓宽人才创新创业投融资渠道;加强人才创新创业服务体系建设	《关于深化人才工作体制机制改单促进人才创新创业的实施意见》(沪委办发〔2015〕32 号)①
杭州	高技能人才培训补助计划;高技能人才培养政府资助;院校学生职业资格证书资助;首席技师资助;高技能人才素质提升培训;技能大师工作室建设;人才基地考核;院士工作站建设;博士后科研工作站建设;科技企业孵化器建设	《关于杭州市高层次人才、创新创业人才及团队引进培养工作的若干意见》②
南京	设立重大科技创新平台专项,实行"一事一议";构建融合发展平台;推动科技成果和新型研发机构落地;打造国际化创新创业人才高地;健全科技金融服务和财政支持体系	《关于建设具有全球影响力创新名城的若干政策措施》(宁委发〔2018〕1 号)③

---

① 《关于深化人才工作休制机制改革促进人才创新创业的实施意见》(沪委办发〔2015〕32 号),2015 年 6 月 29 日。

② 《关于杭州市高层次人才、创新创业人才及团队引进培养工作的若干意见》,2015 年 1 月 28 日。

③ 《关于建设具有全球影响力创新名城的若干政策措施》(宁委发〔2018〕1 号),2018 年 1 月 2 日。

续表

地区	政策措施	政策来源
合肥	加快建设合肥综合性国家科学中心;大力支持高校院所、科研机构建设;打造国际化学术交流平台;打造人才创新创业新载体;打造社会事业人才培育平台	《关于建设合肥综合性国家科学中心打造创新之都人才工作的意见》(皖办发[2017] 23 号)①

资料来源:根据《宝山区优秀人才分类标准(2018 版)》《上海加快实施人才高峰工程行动方案》《杭州市高层次人才分类认定办法(试行)》、浙江省《高层次人才项目推荐选拔重点产业领域引导目录》《南京市人才安居办法(试行)》《合肥市高层次人才分类认定办法(试行)》等政策文件整理而得。

较可以看出,四个城市人才配套支持的主要方式是项目资助、经费支持和研修班等,而对于创新创业平台建设、成果应用转化、人才评价体系和国际交流等较少涉及或重视不足。另外,人才专业配套支持随城市地位的降低而减弱。不同城市经济发展水平不同,人才储备资源与政策自主权不同,其人才政策内容也各不相同。如上海市作为国际化大都市,聚集了我国最优质的教育、医疗和社保等民生资源,拥有投资创业的良好环境,这些优质资源本身就对人才形成了强大的吸引力。由此,上海市不需要通过资金补贴和福利待遇等措施来吸引人才,其主要是针对海外高层次人才群体提供政策福利。杭州和南京两个城市的经济发展水平较高,人力资源和相应基础设施也比较完善,只需在人才政策上做到锦上添花,就能够对人才产生一定的吸引力。但两地的人才结构呈现金字塔形,一般型人才较为充裕,中高层次人才储备不足,因而为提升本地区的人才吸引力,其人才政策除资金补贴外,还有相应的其他福利待遇。

---

① 《关于建设合肥综合性国家科学中心打造创新之都人才工作的意见》(皖办发[2017]23 号),2017 年 5 月 9 日。

合肥市经济发展水平相对较低,还不能对外来人才形成较高的吸引力,因此需要通过资金补贴和提供福利待遇吸引人才。

三是在人才专项培养体系方面各地政策各具特色并形成互补优势。人才专项培养是指根据人才自身专业或优势不同,进行不同类别的培养建设。专项培养体系能够为不同类型人才提供契合的培养方式,同时各类专项资源的有效投入还能获得更大的知识溢出效益,避免雨露均沾、收效甚微。长三角地区省会城市人才专项培育政策详见表5-3。综合来看,各个城市为人才培育制订了人才计划、人才工程,为各类人才的发展提供了充足的发展平台和成长机遇。如上海市旨在通过培养和聚集世界一流人才,建立一支凝聚力强、辐射范围广的国际人才队伍,为落实人才强国战略发挥先导作用。杭州市为加快创新型城市的建设,实施国家技术创新工程试点,旨在培养一支创新型人才队伍,引领和支撑经济社会发展。南京市重视高层次创新创业领军人才和团队的培养,旨在形成高层次创新创业人才队伍,为实现城市创新型发展提供引擎。合肥市的人才政策主要为战略性新兴产业、优势主导产业、现代服务业和现代农业等重点产业领域奠定人才基础,同时满足教育、文化和卫生等公共服务领域的人才需求,确保城市可持续发展。通过实施专项培育,不仅实现人才自身的可持续发展,也形成了一套城市人才管理体系。

表5-3 长三角地区省会城市人才专项培育政策

地区	人才工程
上海	上海千人计划、曙光计划、万名海外留学人才集聚工程、上海海外高层次人才集聚工程、引进千名香港专才计划、上海·杨浦国家级海外高层次人才创新创业基地、"3310"计划、上海市浦江人才计划

续表

地区	人才工程
杭州	领军型创新创业团队引进培养计划、钱江特聘专家计划、"115"引进国外智力计划、"131"中青年人才培养计划
南京	紫金人才计划、南京创业人才"321"计划、中青年拔尖人才选拔培养计划、钟山青年英才工程、"创业南京"英才计划、宁聚计划
合肥	百人计划工程、领军人才引进计划、"228"产业创新团队、引进外国高端人才计划、"6311"工程、外专百人计划、特支计划、双引双培人才计划、庐州英才、庐州产业创新团队培养计划、鸿雁计划、双创英才港

资料来源:《上海市高层次人才政策汇总》《杭州市高层次人才、创新创业人才及团队引进培养工作的若干意见》《南京市中长期人才发展规划纲要(2011—2020年)》《关于"创业南京"人才计划的实施意见》《合肥市关于印发"百人计划"工程等6个实施方案的通知》等。

四是在人才后勤保障方面各地政策为人才合作、共享提供支持。人才后勤保障政策主要在于解决人才的后顾之忧,使人才真正能够留下来,为本地所用。人才后勤保障主要有人才落户、人才住房、子女入学和医疗保障等内容(见表5-4)。通过比较发现,四个城市的人才后勤保障支持力度较强。首先,在政策范围上涉及户籍、住房、医疗和教育等方面,个别城市还涉及交通出行的优惠政策,真正从衣、食、住、行方面解决人才的后顾之忧。其次,在政策实施对象上,尤其是落户和住房,各个城市降低门槛,如杭州市、合肥市的落户范围囊括了大学本科毕业生等。最后,在政策具体内容上,部分城市加大实施力度。如杭州市对毕业后留杭硕士毕业生以及博士毕业生的生活补贴分别由之前的2万、3万元增加至3万、5万元,在住房补助、购房等方面也加大了优惠力度。

表5-4　长三角地区省会城市人才保障政策

地区	人才落户	人才住房	子女入学	医疗保障
上海	海外人才:降低永久居留证申办条件,简化申办程序,完善申办途径;外国留学生毕业后直接在上海创新创业。国内人才:完善居住证积分政策;完善居住证转办户籍政策;优化人才户籍直接引进政策	建设公共租赁住房(单位租赁房);提供租房补贴;符合一定条件的定向微调住房限购政策	扩大国际化教育资源供给;更好满足外籍人员子女的就读需求;增设外籍人员子女学校;为外籍人员子女随班就读创造更好条件	开发海外人才商业医疗保险产品;建立国际商业医疗保险信息统一发布平台;改善海外人才就医环境;加入国际医疗保险的支付网络系统;建立第三方国际医疗保险结算平台
杭州	A、B、C类高层次人才落户,不受年龄和市域范围工作地限制,其配偶和未成年子女可随迁;D、E类年龄放宽至65周岁,在市区落实工作单位并办理保险	高层次人才购房享有购房补贴 B类100万元、C类80万元、D类60万元;住房租赁补贴或提供人才住房	海外高层次人才的外籍子女,可去外籍人员子女学校;国内引进人才享受杭州本市居民同等待遇	A类人才参照享受杭州市一级医疗保健待遇;B、C类享受市内二级医疗保健待遇;D类人才参照享受杭州市三级医疗保健待遇
南京	取得研究生以上学历或年龄在40周岁以下且取得本科学历的毕业生(含留学归国人员);取得中级以上(含中级)专业技术资格人员;取得三级以上(含三级)国家职业资格(技能类)人员	A类人才和特殊人才(团队),实行"一人一策、一事一议";B、C类人才可选择申请共有产权房、人才公寓、购房补贴和租赁补贴中的一种;D类人才可在市内选择申请共有产权房、人才公寓和租赁补贴中的一种;E、F类人才可在市内选择申请公共租赁住房和租赁补贴中的一种	A、B、C类高层次人才,安排区内公办学校入学,享受免费义务教育待遇;引入国际学校等教育机构	A、B、C类高层次人才享受看病优先待遇;组织免费体检;组织健康疗养;家庭医生签约服务;优化国际人才就医环境

续表

地区	人才落户	人才住房	子女入学	医疗保障
合肥	放宽人才落户政策,普通高校(高等职业院校)应届毕业生、留学归国人员,研究生以上学历、年龄在40周岁以下本科学历、中级及以上专业技术人员、高级工(国家职业资格三级)及以上高技能人才,可以先行落户	建立租购并举的住房制度,推进人才公寓建设;对新落户在合肥工作暂无自有住房的博士、35岁以下的硕士、毕业3年内的全日制本科和大专、高等职业院校毕业生,三年内分别按每人每年2万元、1.5万元、1万元和0.6万元的标准发放租房补贴	市级以上领军人才子女学前教育和义务教育,优先安排到公办学校就读	设立就医绿色通道和国际医疗部,为市级以上领军人才、外籍人才提供预约诊疗和导医服务;探索建立国际医疗结算体系

资料来源:《上海市关于深化人才工作体制机制改革促进人才创新创业的实施意见》《杭州市关于深化人才发展体制机制改革完善人才新政的若干意见》《南京市关于大学本科以上学历人才和技术技能人才来宁落户的实施办法(试行)》《南京市人才安居办法(试行)》《南京市人才健康服务保障实施办法(试行)》《关于进一步支持人才来肥创新创业的若干政策》《关于建设合肥综合性国家科学中心打造创新之都人才工作的意见》。

（三）实用有效的工作举措

一是建立人才合作联合会议制度。长三角人才开发一体化的制度合作基础是联合会议制度,分为正式会议和非正式会议。正式会议包括政府人事部门行政长官会议,每年举行一次,采取轮换制主持;各种非正式会议,主要针对某一领域、项目或者具体问题,根据具体情况不定期召开,由会议发起人主持。主办方负责计划会议的举办、明确会议议题、推进会议进度、同时记录会议重要内容。联席会议研究出台有关加强和推进人才开发一体化进程的重大决策;对人力资源开发和规划工作进行审议;讨论重大议题;落实和监督跟进相关工作;及时汇报人才一体化工作推进情况;对人才开发工作进行协调;等等。

二是签订人才合作共享协议。早在 2003 年 8 月,江、浙、沪三地人事厅(局)就在《人才共同宣言》政策框架下,共同签署了《关于专业技术职务任职资格互认的协议》《三地人才服务中心人才服务合作协议》《关于建立博士后工作合作机制的协议》《关于建立高层次人才智力共享机制的协议》《关于专业技术人员继续教育资源共享的协议》《关于三地公务员互派交流学习的合作协议》等六个合作协议。2004 年 6 月,江、浙、沪三地人事厅(局)又在长三角人才开发的联席会议制度上,共同签订了《三方定期举办网上人才交流大会》《开展人事争议仲裁业务协作和工作交流》《共享引进的国外智力资源》等三个促进人才流动的协议。这些合作协议及之后有关协议的签署,从制度层面奠定了长三角区域人才合作、共享的操作基础,在推动长三角人才一体化进程中始终发挥着重要的作用。

三是推进人才共享项目合作。随着人才发展和人才开发制度的推进,长三角人才合作项目不断推进,主要项目包括:第一,按照自愿加入、资源共享、优势互补、利益共享的市场化运作原则,协商决定建立“长三角紧缺人才培训服务中心”,以项目为基础,以需求为导向,深入推进长三角地区的人才培养和人才建设计划,推进长三角紧缺人才培养计划的制订和实施,建立三级服务体系,实现分级管理、自主管理。第二,对企业职工进行互访,为不同场所的用人单位提供人才招聘、信息咨询、员工培训、绩效考核等资料。第三,开发和建立“上海二十一世纪人才网络”,为长三角地区人才提供网上互动信息服务平台。第四,加强企业认证工作,建立诚信评价体系,帮助员工、智力产出、兼职人才和其他服务、创业中介等。第五,规范资格认定证书标准,统一课程标准,统一考试要求,统一发证流程。第六,开展人事争议仲裁,加强政策法规、远程调查取证、交付等方面的合作共享。

四是完善人才信息共享。人才信息共享是人才合作、共享的重要组成部分。人才信息共享既包括人才的需求、供给、政策法规信息共享,也包括服务项目、资源配置等诸多方面的信息共享。早在2003年签订的《长三角人才开发一体化共同宣言》中,就明确提出:"要充分利用网络技术,构建以人才信息系统为骨干的长三角人才资源系统,完善人才交流机制,实现区域人才信息联网,提高人才交流和人才开发效率。"2003年7月,上海率先开通"21世纪人才网";8月又相继开通"长三角人才发展综合信息网";2004年6月,浙江还倡导提出定期召开网上人才交流会,江苏、上海人事部门积极回应,之后,每年都有上千家单位参加,较好实现了用人单位和应聘者对省市人才信息的共享,搭建起长三角人才信息交流和开发的良好平台。

三、长三角人才一体化发展取得的成果

（一）推进了人才交流合作的全方位拓展

一是完善了人才交流合作机制。包括落实九城市人力资源服务行业协会联席会议制度,实行轮值主席制,开展工作研讨、论坛、沙龙等活动;合肥市与苏州市人力资源服务行业协会结成友好协会,推进人才服务领域的全面合作;长三角各地方政府围绕重点科技攻关项目,探索实行"揭榜挂帅"制人才合作创新,"谁能干就让谁干",多地政府在论坛和发布会上带着项目找人才,促进人才链、创新链、产业链、资金链和服务链深度融合等。

二是成立了长三角人才一体化发展城市联盟,深化互动交流。2019年,中国浙江星耀南湖长三角精英峰会暨第二届G60科创走廊人才峰会在嘉兴乌镇开幕,来自G60科创走廊九城市的3000余人参会。由20个长三角城市共同发起的"长三角人才一体化发展城市联盟"宣告成立。为深化长三角人才一体化发展,峰会通过对接

交流、成果展示、赛事选才等 30 项系列活动,吸引会聚海内外高端人才,促进区域间对接协作,助力长三角更高质量一体化发展。2020 年该联盟范围扩大至 24 个城市,并联合推出长三角人才驿站、人才绿卡、人才联评和人才培训等四个试点合作项目,发布《城市联盟关于复制推广长三角一体化示范区人才制度创新成果的实施方案》,确定共认专业技术人才职业资格等五项推动人才一体化发展的工作举措,有力推进了长三角人才领域更高水平的开放协作。

(二)推进了人才引育的一体化发展

一是创新人才政策,促进人才发展。嘉兴市发布了《关于建设高素质强大人才队伍和高水平创新型城市,打造面向未来创新活力新城的决定》①,提出把人才强市、创新强市作为推进高质量发展的核心支撑,打造"重要窗口"中的"最精彩板块";合肥市聚焦重点产业,围绕"芯屏器合""集终生智"等战略性新兴产业布局,推出人才新政,打造"养人的合肥";苏州市出台人才新政 4.0 版,突出"金字塔、全链式、国际范";湖州市出台人才新政 4.0 版,打造人才治理现代化、人才生态最优化"两化"融合城市等。

二是开展区域联合人才招聘。长三角九城市共同发布 2019 年度高层次紧缺人才需求目录,面向全球推出 4500 多个高层次紧缺岗位;杭州市启动建立长三角人才"云市场"和长三角"云聘会",举办 5 场"云招聘";松江市依托"G60 科创云"平台推出《九城纳贤》专栏,联合九城市 3800 家企业,发布 4.5 万个中高端用工需求,吸引 20 多所高校 2 万名毕业生应聘,广泛吸引优秀人才向长三角核心城市流动;2020 年 9 月,九城市联合举办 G60 科创走

---

① 《关于建设高素质强大人才队伍和高水平创新型城市,打造面向未来创新活力新城的决定》,2020 年 7 月 29 日。

廊九城市中青年干部深入学习贯彻习近平总书记关于长三角一体化发展重要论述专题班,45 名中青年干部参加等。

三是强化技能人才合作培养。湖州市召开九城市人社局长第二次联席会议,会上签订技能人才队伍建设合作倡议书、职业院校合作协议、校企合作协议,共同开展职业技能培训、科研项目合作和学生专业实习工作;宣城市举办 G60 科创走廊九城市校企合作培育万名高技能人才计划暨职工劳动技能竞赛,助力形成教产合作、校企一体的职工技能培训模式,同时开展区域内职业院校技能交流拉练、技能竞赛互学、大师工作室互访等活动,促进技术推广转化。

四是打造开放共享的人才生态。2020 年太湖人才峰会启幕,助力实现"产才城"深度融合;无锡市率先在全国推出引进海外留学归国创业人才计划,从"东方硅谷"到"太湖人才计划",从"太湖人才计划"1.0 版到升级版 2.0;惠山区构筑"一镇一院一产业",与相关高校院所合作建立产业研究院、产业联盟,以产聚才;与高端引才机构合作,形成"机构牵线、基金支持、人才落户、园区承载"协同发展模式,营造更加积极开放的人才"软环境",实现人才资源的优化配置。

(三)推进了人才资源的高质量整合

一是共享高级人才智力资源。建立九城市人才专家库,首批入库专家 300 多名,为各地项目评审、技术攻关、行业发展提供高端智力资源;组建城市联盟人才培训资源库,公布首批 80 余项共享资源名录,构建共建共享共用长效机制,等等。

二是积极创建人才发展载体。中国合肥人力资源服务产业园获批国家级人力资源服务产业园;苏州成立长三角(汾湖)人力资源服务产业园,组建高端人才猎聘联盟;嘉兴启用浙江长三角人才大厦等"一楼三园",为入驻人才及企业提供全方位服务;浙江省温州市与上海市嘉定区合作,在嘉定设立"科技创新(研发)园",

在温州设立"先进制造业深度融合发展示范区(嘉定工业区温州园)",将上海的科创资源与温州的先进制造业优势有机结合等。江苏省盐城市大丰区在上海设立人才工作站,并与24所上海高校签订校地合作协议,以"人才飞地"为代表,长三角地区形成了"带土移植"等多元化人才共享模式。

三是依托科技创新促进人才要素流动。2019年9月,在第二届G60科创走廊人才峰会上,长三角九城市共同签署了《深化G60科创走廊九城市人才交流合作协议》①,提出在十个方面加速推进长三角人才一体化发展进程,以一体化的思路和举措打破行政壁垒、提高政策协同、畅通要素流动,形成"九城一张网"的人才工作新格局,提升长三角城市群参与全球高端人才资源配置的整体竞争力。基于"密织的一张网",长三角科技创新要素也加速流动。其中,苏州与上海率先建成"科技资源开放共享与协同发展服务平台",成为全国首个跨区域研发资源补助政策互通的试点城市,实现政策互通、平台协同、资源扩充。2020年9月,九城市首个"科创飞地"——长三角G60金华(上海)科创中心投入使用,进一步助推G60产业链一体化发展和深度融合。

第二节　珠三角的人才一体化发展

人才资源是组织资源中最重要的一部分,人才一体化发展是区域经济一体化的重要基础。珠江三角洲(简称"珠三角")②经

---

① 《深化G60科创走廊九城市人才交流合作协议》,2019年9月24日。
② 珠江三角洲,位于广东省中南部,范围包括广州、佛山、肇庆、深圳、东莞、惠州、珠海、中山、江门等九个城市。如今,珠三角在国家战略的推动下,正携手香港、澳门两个特别行政区建设粤港澳大湾区。

济总量较大、产业优势互补、公共资源丰富,加上以岭南文化为核心的文化认同、包容和开放,因而具有一体化发展的天然优势。随着珠三角区域经济社会协调发展和一体化进程的加快,各地纷纷出台"人才新政",人才工作及人才开发一体化的重要性逐渐凸显。多年来,珠三角区域形成了香港、广州两个人才聚集极点,以两个极点为中心加强人才聚集使得该区域人才聚集效应相互辐射,形成点面效应。加上粤港澳大湾区人才一体化建设的后续发力,如促进人力资源开发的资源共享、政策协调和制度协调,充分挖掘珠三角乃至整个大湾区人力资源的整体优势和潜力等,珠三角人才一体化发展成为珠三角经济一体化不可或缺的重要一环。

一、珠三角人才一体化发展的策略举措

（一）坚持互惠共享、合作共荣、开放自主、优势互补原则

珠三角以人才开发一体化为核心主题,坚持地区间人才共享、人才互惠、人才合作等,以解决珠三角地理跨度范围大的问题。对人才的开发充分考虑各地区经济发展水平、人才文化程度、政策体系存在的差距,并结合人才的意愿程度,加强珠三角人才合作和人才一体化合作开发。人才合作中扬长避短,发挥优势,规避劣势,充分考虑珠三角整个区域的全局利益,共同为区域经济发展、人才引进贡献力量。在共同利益基础上树立"多赢、共赢""合作共荣"理念,推动人才流动、人才培养、人才保障等政策制度体系建设,最大限度实现人才共享、成果共享。

（二）打造"黄金人才走廊"

穗港两极集聚了珠三角主要城市,是有名的珠三角高新技术产业带,人才密度高,珠三角的大部分人才集中于这条轴上。近年来,穗港两地加速人才流动,完善人才培养体系,提升人才能力建

设和人才资本水平,广泛开展人才信息交流,促使人才创造更多高质量、高水平、高标准的成果。"穗港人才轴"的建设进一步加强了人才资本的垂直辐射,为两极之间各相关城市的人才培养、人才输送和人才共享共用创造了有利条件。随着穗港两个人才极辐射的不断加强,以及深圳、珠海、佛山等城市对两个极点辐射的承接和补充,这里已发展成为公认的一条"黄金人才走廊"。

(三)建设宽广人才高原

珠三角城市密集,人才密集,形成了广州、香港、深圳、珠海等多个人才高地。随着人才开发一体化的推进,这些高地逐渐连成一片,形成较为宽广的珠三角人才高原,并进一步形成统一的人才市场。多年来,广州和香港两极人才轴内、外城市(江门、汕头、汕尾、湛江等)不断强化人才高原意识,根据自身情况进行定位,积极做好人才开发和规划,强化人才市场对接,突出人才开发的梯度性和层次性。如轴上城市偏重中、高层次人才和高新技术人才开发,低层次人才和技能人才开发尽可能安排在轴外城市进行等。人才高原的建设促进了珠三角区域人才的交流和协作,加强了各地间的经济文化联系,珠三角地区也成为极具吸引力的各类人才聚集地。

(四)突出政策的指向性与引导性

珠三角区域的省市级政府纷纷出台人才政策,共同推进人才一体化发展。

一是更加聚焦于高端人才。除高层次人才、海外人才、科技人员、创新人才外,对高端人才的条件要求进一步涵盖到研究生、博士后和领军人才。同时特别注重有针对性实施人才培养计划,除实施国家高层次人才计划招募人才外,还大力度实施地方引智工程和人才计划,如广州市的"羊城人才计划""红棉计划"、深圳市的"鹏城英才计划""鹏城孔雀计划"、惠州市的"人才双高计划""人才双十行动"、珠海的"英才计划"、中山市的"英才计划"和东莞的"特色人才特殊政策"等。以上政策均重点指向培育能够突破关键技术、精准对接区域重点发展产业、带动新兴学科发展的海内外高端人才。

二是培育精益求精技能人才。高技能人才从事现有技术进行改造升级、优化流程工艺等创新行为，能够有力支撑地区产业发展。各地政策明确提出推行校企共建共管的多主体高技能人才培养模式，如积极探索"人才+项目"人才培养模式或支持企业输送技能人才外出培训，制定高技能人才与高层次人才享受同等待遇相关政策，等等。

三是注重以团队形式引进人才。大学科背景下，国家科技重大专项、前瞻性技术、关键共性技术研发，关键在人才，关键之关键在团队。以学术带头人为领军人物的科研团队是科技创新活动的主要组织形式，组建科研团队、创业团队是解决人才培育与引进的关键环节。研究发现，人才团队引进有两种组建运行模式，一种是加大对科研团队的引进，还有一种是以组建团队来吸引人才，实现核心人才带动，"以才引才"。为此，多地专门针对创新团队、创业团队及科研团队引进制定相关政策。

二、珠三角人才一体化发展长效机制的构建

在珠三角人才一体化发展进程中，各地实施的政策（见表5-5）趋向多元化，坚持把人才的培养、引进和合作共享作为重要内容，并结合平台建设、体制机制改革、人才服务环境改善等，积极构建人才一体化长效机制。

表 5-5　珠三角人才政策体系

政策领域	具体措施	具体内容
人才支撑体系	人才培养	发挥高等院校人才培育功能;推动高校与企业开展应用技术型人才培养;推进"万名高技能人才"培养工程
	人才引进	推进海外人才联络处建设,积极对接高层次人才计划;建立海外人才柔性引进政策
平台建设	人才载体建设	支持新型研发机构建设;推进博士后工作站、院士工作站、科技特派员工作站、留学人员创业园等人才载体建设
	产学研创新联盟	探索协同培养研究生新机制;联合港澳设立产学研创新联盟
体制机制	知识产权	职务科技成果产权可由职务发明人和新型研发机构共同所有;知识产权质押融资;规范知识产权价值分析和评估标准
	激励机制	落实科技成果转化奖励政策;落实科技成果收益分配、期权股权激励政策;把科研人员与职务科技成果整体孵化为高技术企业
	人才流动	鼓励科研院所和企业创新人才双向流动;打破国籍、地域等人才流动的刚性制约
	人才评价体系	建立以能力和业绩为导向的人才评价机制,重点加大对科技成果和创新人才的评定与激励
	科技金融	建立院士成果与企业、金融机构的对接机制;提高青年创客的信贷支持力度,扩大科技金融的惠及面
人才服务环境	财政补贴政策	探索建立个人所得税财政补贴政策;健全高层次人才特殊津贴制度
	"全方位"引才政策	完善和落实人才在入户、住房、出入境、医疗、子女入学等方面的优惠政策;打造科技创新生活圈
	出入境及居住政策	积极争取海外高层次人才在签证、居留、出入境等方面同等享受中国(广东)自由贸易试验区的相关便利政策;实行人才赴港澳"一签多行"政策

资料来源:珠三角各地市制定的《建设珠三角国家自创区实施方案》。

（一）突出人才一体化发展目标

早在 2005 年 1 月，广州、深圳、珠海、佛山、惠州、东莞、中山、江门八个珠三角城市就签订了《珠三角人才资源开发一体化合作协议》①，商定在人才流动、吸引人才、信息共享等方面加强合作。此后十多年来，各地政策围绕一体化发展目标，均更加注重突出人才的培养、引进和合作共享，不仅强调在人才培养上的多主体、强联合作用，而且在推进高技能人才培养、高层次人才计划方面也有具体的一体化发展举措。

（二）拓展人才培养平台建设

为进一步强化和突出人才培育，珠三角人才支撑体系扩展到对新型研发机构、博士后工作站等平台和人才载体的依托、利用，以及面向国际及粤港澳开展合作，且政策内容更加具体化。即以点、线、面相结合的方式，立体化推进人才培养机制建设。一方面为人才的合理有序流动提供平台，推动人才智力资源共享；另一方面也有利于构建接近市场需求的技术创新平台，促进区域经济发展。

（三）推进人才体制机制改革

各地政策将推进体制机制改革、建立健全人才体系机制作为重点。包括：知识产权保护和运用机制，通过确保职务发明人和科研院所等机构的价值，从根本上有效调动人才创新积极性，促进科技成果产业化。人才激励机制，主要体现为科技成果转化激励和以技术入股和期权股权等方式参与科技成果利益分配。人才流动机制，以人才为纽带，最大限度盘活科技智力资源。人才评价体系，建立以能力和业绩为导向的人才评价体系机制。科技金融服

---

① 《珠三角人才资源开发一体化合作协议》，2005 年 1 月 27 日。

务体系,推进科技金融服务体系改革,使其在创新主体发展、创新要素流动、科技成果转化等方面发挥重要作用。

（四）优化人才服务环境

各地政策注重人才服务环境的改善,如"全方位"引才政策、财政补贴政策、出入境及居留政策等都涉及人才服务环境优化问题,并在人才的引进、流动和共享方面产生效力。

三、珠三角人才一体化发展取得的成果

（一）构建了一体化的人才政策框架

一般而言,政策在宏观层面上往往能起到指导性作用。珠三角在人才合作工作中逐步构建起一体化的人才政策框架。如广州市树立"人才优先开发开放"的理念,签订有《珠三角地区人才一体化先行先试工作框架》,积极推进人才一体化工作在珠三角地区的先行先试;珠海市人社局构建一体化的人才政策框架,制定和执行统一的人才流动、人才吸引、人才培训、人事代理政策和社会保障制度,形成一体化的政策、法规、规章框架,降低人才流动和开发成本,搭建一体化的人才交流互动平台,等等。

（二）建设了一体化的人才资源信息平台

珠三角地区经济基础较好,对人才的吸引力相对较大。但囿于各市单独的优势在竞争中难于发挥等因素,以往吸引的人才大多数为技能型人才、专业技术人才和企业经营管理人才,而对高端人才的吸引力度反而较小。如行业领域的技术领军人才引进人数少且质量不高,国际、国家重点科研机构相对缺乏,高端人才吸引力相对偏弱,等等。为改变这一状况,珠三角区域以建设一体化的人才资源信息平台为抓手,高起点建立起珠三角联合高端人才库,一方面为有意融入珠三角的各类高端人才设立简历库,另一方面

为各市有需求的用人单位设立需求主库。通过定期发布人才市场供求信息、编制紧缺急需人才引进指导目录、开展薪酬调查等工作,充分发挥供求和价格机制对人才市场的调节引导作用,扩大供需覆盖面,实现人才资源统筹推荐,合理分配,较好地促进了人才的合理流动和优化配置,最大限度实现了合作共赢。

(三)建立了一体化的人才培训、人才派遣工作机制

针对人才培训力度不足的情况,珠三角区域充分发挥各市合力,共同聘请国内外知名讲师,组建人才培训师资队伍,为有需要培训项目的地市提供不定期的专业人才培训服务。通过此种方式,较好解决了人才培训师资素质低、单独机构供养开支大等人才培训的突出问题,实现了人才培训的互通互联、资源共享。另外,在人才派遣方面,由省人才协会牵头,各市共同探讨存在的问题,达成共识,通过共同营造人才租赁的良好氛围,实现了区域人才派遣上的合作共享、互利共赢。

(四)完善了人才合作的服务保障激励制度

一是完善了人才市场服务体系,建立起统一的各类人才标准、人才价格等指标体系,实现了人才招聘、人才储备、人才就业、人才供求等信息共享,构建起珠三角融通互补的人才市场体系。二是完善了人才社会保障制度、人事代理服务制度、资质证书互认制度,真正使人才自由流动起来。三是完善了人才柔性激励制度,以人才智力共享为目标,通过搭建办学合作平台、项目合作平台、专家支援平台等,激发鼓励人才在珠三角区域实现自主柔性流动。人才的自主柔性流动也成为改变珠三角高层次人才和创新型人才短缺现状,实现珠三角区域智力共享周期最短、见效最快、最为现实的途径。

第三节　人才一体化发展经验的借鉴

长三角、珠三角和京津冀地区在我国经济社会发展中具有举足轻重的地位。其中,长三角和珠三角无论是经济协同还是人才一体化都发展得更早、更快、更富有经验,对于京津冀地区来说具有较大的借鉴意义。

一、思想观念新

一是树立了人才资源是第一资源的人才认识观。这一观念是沿海经济发达省市始终认可的。抓人才工作需要像抓经济工作一样,把各类人才、各个层次的人才都纳入人才资源开发体系,在全社会营造良好氛围。如广州市倡导各级党委、政府要坚持以人为本,克服因人才问题上而产生的各种不当思想,将科学的人才观落实到经济社会发展之中。宁波市树立起"科技是第一生产力,人才是第一资源,高新技术产业是第一经济增长点,人才工作是一把手第一位工作"的理念,启动实施了"科教人才一号工程",并对各级党政领导班子进行人才目标责任考核,使该市成为海内外优秀人才的聚集地。

二是树立了面向世界开发人才资源的人才战略观。沿海发达省市把推进人才国际化作为融入经济全球化、扩大对外开放的重要内容,在国际范围内引进培养人才,使这些省市呈现出人才构成国际化、人才素质国际化、人才活动空间国际化的态势。如上海市制定了"国际人才高地规划";江苏省全力实施"万名留学生和海外高层次人才引进计划",积极建造"中华海外高层次人才集散港";广州市通过实施"万名海外人才聚集工程",以广州的中国国际人才市场为依托,在广州创办科技学术交流会,为海外留学人员搭建良好平台,同时在美国、西欧、日本等国家设立海外人才工作站,定期向全球发布岗位征集信息,直接到国际市场招揽高精尖人才,推动了人才开发向国际化纵深发展。

三是树立了注重发挥用人单位主体作用的人才开发观。沿海经济发达省市坚持单位自主用人、市场有效配置、政府引导推动的原则,逐步形成了政府搭台、企业唱戏的人才开发模式。如连云港市通过建立人事部门联系企业制度,进一步强化"人才开发的导向是以企业为主体的"这一观念,大力开展前瞻性、个性化人才服务,建立了企业长效服务机制。广州市正式开通了"人才直通车",规定如果高新技术企业需要人才调配,可以直接向市人事局提交资料进行申请,同时,为了保证工作效率,市人事局必须在10个工作日内答复。南通市放宽事业单位编制计划限制,放开了企业自主人力资源的配置限制,使企业拥有了足够大的用人自主权,管理制度也更加灵活和优化。如对于担负新技术、新产品、新项目研发的科技人员,企业可以不受结构比例的限制根据自身实际情况自主招聘。

二、政策措施好

一是不断创新优惠政策。如广州市对硕士以上人才不限生源、不限专业,随时予以接收。深圳特区每年拨款3000万元,专门鼓励留学人员来深从事高新技术产业,只要符合条件,创业前期补贴8万元至12万元。连云港市为解决引进高层次人才住房问题,采取"人才安置房"政策吸纳更多的高层次人才到连云港就业和定居。北海市规定进入中华专家园工作的各类专家可享受在北海交通、通信、市内景点游览等方面的免费服务。

二是大力开展柔性引才引智。如广东省依据"对口择业、双向选择"政策,对采取自费留学的海外回国高层次人才,尽快安排适合其创业发展的工作岗位。凡来广东工作的留学人员,如再次出国工作或学习,根据来去自由的原则,简化手续,随来随办。南通市规定凡持有《居住证》的各类人才,在子女入托上学、购房、办理出入境手续、参与城镇职工养老保险等方面,与南通市民享有同等待遇。

三是加大人才资金投入。如江苏省连续拿出专项资金用于国内外急需人才的引进。南通市针对人才的引进、培养和鼓励等方面,设立了高额专项资金用于补贴能够引进关键技术型人才的企业,支持各类人才创新创业。

三、工作机制活

一是建立灵活的用人机制。如连云港市、深圳市对职称制度进行重大改革,引进的高层次人才不受任何任职资格和岗位的限制,可实行低职高聘。

二是探索灵活的人才激励机制。如连云港市设立了"创新创业人才奖",用于奖励在创新、创业、创优方面比较突出的人才,获得国家级和省级奖项的高层次人才,除原本应当获得的奖励以外,同级政府也需对其进行奖励,成果主要完成人所得奖金应高于总额的50%。南通市出台的人才政策中包括资金支持内容,具体采取"无偿"+"有偿"的方式进行支持,"无偿"主要指由财政直接拨付的货币资助,"有偿"主要指政府政策性产业基金以股权投资形式支持人才创业和科技创新,3年至5年后按照约定方式退出,发挥财政资金的引导和杠杆作用,撬动社会资本投资科技型初创企业。

　　三是完善多元化人才培养机制。如广东省实施对人才的各项培养工程,全面提升了服务广东沿海经济发展的各类人才工作水平。南通市采取人才"送出去,请进来"的方式,努力培养和吸纳人才,主动与国内外知名高校、科研院所、企业建立合作关系;对有开发潜力的青年科技人才,由人事部门聘请行业专家担任导师,并给予相应的技术和业务指导。

　　四是完善合理有序的市场配置机制。如广东省出台鼓励人才合理流动的政策,加强人才信息数据库建设,使广东成为全国人才流动规模最大、最活跃的省份之一。南通市围绕构建大市场、大服务格局,积极推进人才市场与劳动力市场的政策贯通、信息联网,同时积极破解大学生就业难问题,全面启动大中专毕业生"零就业家庭"就业援助工程和就业见习工程,大力开展免费就业培训,指导帮助自主创业,全市大中专毕业生的年平均就业率保持在90%以上。

四、人才环境优

　　一是切实转变政府职能。如上海市建立以政府导向和法律监督为调控手段的人才资源开发宏观管理体制,每年年初都根据本市经济社会发展重大项目建设的需要,对各行业、各类人才需求进行摸底、登记,并同有关部门编制各年度《上海市重点领域人才开发目录》,以提高人才资源开发的指导力。宁波市规定人事调动由用人单位自主决定,人事部门变审批制为备案制,使人才流动更加方便、快捷。

　　二是积极为人才分担忧愁。如连云港市政府关心外地单身青年人才的生活,有关部门、工会、团委、妇联等共青团组织经常组织人才联谊活动,为这些人才搭建良好便捷的交友平台,避免因为业余生活的枯燥而带来负面影响,同时鼓励他们在当地寻找配偶,定居此地;对供不应求、异地落户的人才,制定购房、租房等优惠政策,落实各项保障措施和保险、补贴政策,在家属就业、子女入学等方面给予关心照顾。江苏省建立了党政干部联系优秀人才制度,对在行政管理、生产经营、科技研发等方面发挥关键作用的人才,党政干部坚持与其深入接触,谈心交流,用深厚的感情留住人才。

三是着重营造良好的人文社会氛围。如广东省通过利用新闻媒体宣传尊重知识和人才,鼓励科技人员培养艰苦奋斗和奉献精神,这些举措都为广东省营造了良好的社会氛围。组织人事部门积极推荐奖励贡献突出的国家专家称号,享受政府专项补助,与各类人才保持定期联系,加强沟通,增强信任,鼓励探索,营造开放、民主、生动、活泼的人才发展环境等。

第六章 京津冀人才柔性 共享机制的构建

从前述京津冀人才发展的不平衡及存在的协同壁垒看,要实现京津冀人才一体化发展,特别是最大限度地改善河北省人才短缺的状况,就必须着眼于构建新的有效机制和配套制度。

如果仅站在河北省角度谋求本区域自身发展的最大化,这一机制可以是一种刚性机制,即河北省采取超常规的硬性引进及强制性限制人才外流的政策和制度。这样产生的后果则是:河北省在短时间内有可能达到理想的人才总量,但由于这种制度往往与人才内在选择的目标相背离,其结果不但不会提升人才资源的利用效率,反而会挫伤人才的工作积极性,并对人才的未来发展造成无法估量的损害。

在激烈的人才竞争环境下,河北省面对京津两地的多方面优势,任何刚性的制度措施都是效率低下的。基于此,在设计人才战略机制时,河北省应在京津冀人才一体化发展的前提下,更加强调人才的柔性共享。具体而言,就是要在京津冀协同发展的国家总体战略框架下,遵循人才成长和发展的规律,积极主动顺应人才的内在需求,坚持人才"以用为本"的理念,借力京津,充分发挥河北自身优势,建立更加开放的人才引用体制机制,以最大限度和可能激发人才的积极性、创造性,盘活区域人才资源,实现人才资源的共用共享。

本章在界定人才柔性共享内涵,分析人才柔性共享系统和人才供需关系的基础上,运用协同理论尝试构建京津冀人才柔性共享机制。

第一节　人才柔性共享的内涵

一、柔性

柔性即"Flexibility",拉丁文原意是指可弯曲的或易调整、可变的,最早出现于制造系统中,如柔性制造系统和柔性制造单元。后来,Mandelbautn(1989)将柔性定义为一种有效响应变化环境的能力。20世纪80年代,英国学者Atkinson(1984)将"Flexibility"用作柔性之意,提出"Human Resource Flexibility Strategy",开创了人力资源柔性战略研究的先河①。此后,学者们相继将其应用于人力资源领域,探索作为组织关键能力的柔性如何使组织适应内外部环境中不断变化的各种需求(Bal & DeLange,2015;Wright & Boswell,2002)。其中的代表性人物J.Milliman,M.A.V.Glinow和M.Nathan(1991)提出了人力资源柔性(Human Resource Flexibility)概念,认为人力资源柔性是组织灵活运用人力资源要素(如人员结构、数量、工作时间等),有效适应和及时应对外部环境变化和组织内部多样化需求(如组织规模和组织结构变化等)的一种能力(Blyton & Turnbull,1992)。

在人才柔性共享中,柔性主要是指人才流动机制的柔性化。这种柔性化是相对于刚性机制而言的,如员工要求单位解决国籍、

① J.Atkinson,"Manpower Strategies for Flexible Organisations",*Personnel Management*,1984,16,28–31.

户籍、子女入学、家属安置等问题；单位要求员工提供人事档案，希望员工能在一个组织内长期发展，绝对不容许员工同时在不同的组织工作，包括兼职等。刚性机制下，人才的流动受到阻碍，人才的主动性、积极性和创造性必然受到很大限制。

在现代知识经济环境下，人才不是传统意义上听从领导命令的员工，而是各专业领域内的专家，人才具有了更高的自主性，不愿受到约束，希望在自我意愿的基础上行动，具备典型的知识型员工特征。基于此，人才的流动应突破刚性因素限制，充分体现柔性思想，其基本逻辑为"户口不转、关系不转、智力流动、来去自由"。具体要求为：一是不限制人才的国籍、户籍，摒弃传统的人事档案观，实现唯才是举，唯才是用；二是打破区域、专业之间的界限，鼓励人才跨区域、跨专业流动，对人才进行优化组合，提高人才使用效益；三是把以工作为中心变为以任务为中心，在工作中不受时间和地点限制，只需按时、按质、按量完成任务，给予人才最充分的自主选择自由。

二、共享

共享（Share），或译为分享，即"共同拥有"，是人类社会关系中存在已久的因素，是一种古老的社会实践。共享理念的出现远早于资本主义经济体系，在封建和中世纪时代已被证明是一种有效管理经济生活的方式。

共享（Share）一词最早出自古英语"scearu"，意为"切割，剪切物体的部分"。在早期的研究中，共享更多的是一种物品或服务的分配行为，即通过一种安排和分配方式，更好地实现对物的高效利用（Price，1975）。《牛津高阶汉英双解词典》（2018）的释义也与这一说法一致，认为共享是一种在两人或多人之间针对物的分配形式,是多方共同享有某物品的使用权。随着社会的不断发展和进步,共享的客体不再局限于具体的有形之物,也可是抽象的无形之意,如智慧、理念、思想、精神等。

在人才柔性共享中,共享是指人才同时服务于多家单位,实现智力资源的多方共同享用。具体来说是通过有偿使用、利益驱动等形式,在不改变人才原有身份的情况下,使人才同时服务于多个单位,这些用人单位共同享有人才的智力资源。人才共享是一种新颖的人力资源开发和管理模式,它的优势在于能够通过新的思维方式,对人才进行跨地区、跨专业的调度和使用,优化人才组合,实现最大效用。

三、人才柔性共享

基于以上对柔性和共享的理解,可以将人才柔性共享界定为:用人主体打破工作时间及工作空间等方面的限制,以一种多向度的、灵活的管理模式,建立更加有效的人才共享制度,形成更加规范、有序、互利共赢的人才合作网络,实现人才资源的合理配置和使用。与现行的刚性人才流动相比,柔性共享更强调个人工作与单位用人的自主,是一种相对自由的人才流动方式,是对人才的单位所有制、地区所有制的一种挑战,也是一种从更广的角度、更高的效率上匹配人才资源的新方式,能够实现人才与生产要素、工作岗位的最佳结合,做到"人尽其才,才尽其用"。

实现人才柔性共享是促进区域内人才自由流动的最佳形式。人才柔性共享的主要特点是人才流动的柔性化。随着新兴技术的迅猛发展,人才流动的障碍性因素大为减少,为人才资源在区域、行业、组织内的自主灵活流动提供可能。相对于组织和个体而言,区域间的人才柔性共享站位更高、范围更广、空间更大、形式更灵活、作用更显著,通过体制、制度、机制等方面的建立与完善,区域间能够突破人才培养、使用和流动等方面的限制,最大限度促使人才在区域内灵活自主流动,最终实现区域、行业、组织内人才的"不求所有,但求所用"。

人才柔性共享存在一定的内在机理。即为实现区域、行业、组织间人才的柔性共享,在一定环境条件下人才柔性共享系统中的各构成要素会形成相互作用、相互联系、相互协调关系(见图6-1)。

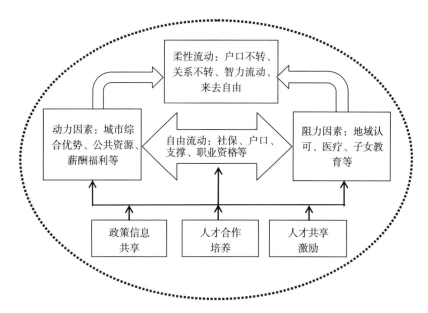

图6-1　人才柔性共享的内在机理

资料来源:盛慧娟、全永波:《长三角一体化背景下跨区域人才柔性共享机制研究》,
《浙江海洋大学学报(人文科学版)》2020年第3期,第49页。

在实践运行过程中,人才柔性共享体现为以下四个方面。

一是政策信息共享。这是实现人才柔性共享的关键一步,只有各地政策信息实现互通、互动、共享,区域合作关系才能形成并得以巩固。

二是人才自由流动。实现人才自由流动不仅要突破一些刚性因素限制,如户籍、住房、子女教育等,更重要的是搭建起统一、开放的人才资源共享平台,以及制定与之相配套、全面而适用的人才自由流动保障措施。

三是人才合作培养。人才培养是人才柔性共享中不可忽略的一环,应以区域内高端人才、特殊人才等为核心,以单位挂职、科研项目为依托,最大限度发挥人才培养的正向作用。

四是人才柔性共享激励。建立一个可量化、可广泛应用的、明确有效的激励机制,能在较大程度上推进区域协同发展的进程。

第二节　京津冀人才柔性共享系统

首先构建京津冀人才柔性共享系统。该系统涉及多个主体,分别是:中央政府(G_1)(Government1)、京津冀地方政府(G_2)(Government2)、人才(T)(Talents)、人才共享单位(D)(Demander)、人才所属单位(S)(Supplier)、人才服务管理机构(TSM)(Talent Service Management)、新闻媒体(NM)(News Media)。其次分析京津冀人才供需关系。

一、京津冀人才柔性共享系统中相关主体的作用

在京津冀人才柔性共享这个复杂的系统中,不同主体扮演不同的角色,承担不同的责任,且这些主体间会产生相互作用。

第一,中央政府(G_1)负责制定京津冀协同发展战略和人才相关政策,在人才柔性共享系统中发挥"指挥棒"作用。

第二,京津冀地方政府(G_2)结合京津冀三地的实际情况,负

责制定具体、适用的政策,确保人才共享战略在三地能真正执行,在人才柔性共享系统中扮演"引导者"角色。

第三,人才共享单位(D)负责制定吸引人才的管理措施和方法,最大限度地吸引京津冀人才为本单位服务,产生"吸铁石"效应。

第四,人才所属单位(S)因客观存在支持鼓励还是阻碍共享的不同形态而成为人才能否安心进行共享的"红绿灯"。

第五,人才服务管理机构(TSM)作为平台,链接人才和用人单位,在人才柔性共享系统中扮演着"客观的第三方"角色。

第六,新闻媒体(NM)负责宣传、评价和监督人才共享情况,在人才柔性共享系统中起到了"催化剂"和"显微镜"的作用。

第七,人才(T)根据自身的知识、意愿以及能力等因素决定是否以"参赛者"身份加入到人才共享过程,同时相较于其他人才,人才本身也是强有力的"竞争者"。

系统内的七大主体相互牵制、相互作用,产生良性反应,共同推动京津冀人才柔性共享的顺利运行实施,促进三地人才达到供需平衡,并有望在一定程度上缓解京津冀三地长期存在的人才分布不均衡问题(见图6-2)。

二、京津冀人才柔性共享系统中的人才供需关系

人才柔性共享从根本上说是一种经济关系,京津冀人才柔性共享系统中的人才供需关系可通过供需关系曲线进行分析。

假设需求单位对人才的需求为D(Demand),人才所属单位对人才的供给为S(Supply),人才的既有数量为Q(Quality),人才的既有价格为P(Price),当人才供需关系发生变化时,人才价格变动,进而影响到人才的数量。

在京津冀人才需求曲线中(见图6-3),当单位人才价格P_0不

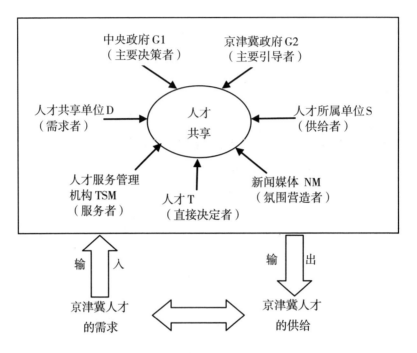

图 6-2　京津冀人才柔性共享系统相关主体及作用

变时,由于其他因素的存在,人才需求曲线由 D_0 向左移动至 D_1,人才需求数量由 Q_0 下降到 Q_1。 在京津冀人才供给曲线中(见图 6-4),当单位人才价格 P_0 不变时,受其他因素的影响,人才供给曲线由 S_0 向左移动至 S_1 时,人才供给数量减少,由 Q_0 下降到 Q_1。 同理,在京津冀人才柔性共享系统中,若人才维持在既定价格 P_0,受其他因素的影响,人才共享的需求曲线和供给曲线也会发生移动,向左移动引起人才供需量减少,反之引起人才供需量增多。

共享人才属于"高档耐用品",供需弹性较大,因此,在京津冀人才柔性共享系统中,人才供需曲线相较于其他曲线会更为平缓。

实践中,为了能让京津冀人才柔性共享系统运行起来,一方面

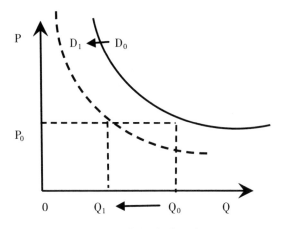

图 6-3　京津冀人才的需求曲线

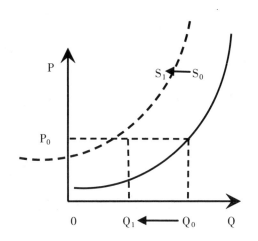

图 6-4　京津冀人才的供给曲线

要符合市场规则,遵循供需曲线变化规律;另一方面根据协同学理论,要合理控制系统序参量,增加促进供需平衡的涨落(包括内部涨落和外部噪声),尤其是重点调控系统内起主导作用的变量,以达到系统内京津冀人才供需间的平衡。如图 6-5 所示,当价格从 P_1 降低至 P_2 时,需求量从 Q_1 增加为 Q_2,供给量从 Q_3 减少为 Q_2,需求曲线 D 与供给曲线 S 相交于点 C,此时供需达到平衡,所对应的均衡价格为 P_2,均衡数量为 Q_2。而同时人才需求曲线的价格变少(从 P_1 变成 P_2),数量增多(从 Q_1 变成 Q_2),人才供给曲线的价格变少(从 P_1 变成 P_2),数量减少(从 Q_3 变成 Q_2)。

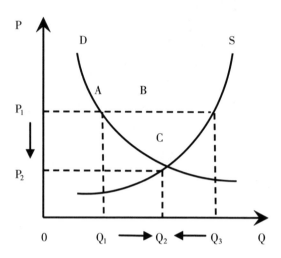

图 6-5 京津冀人才的供需平衡曲线

第三节 基于协同理论的京津冀
人才柔性共享机制

一、协同理论的适用性分析

协同理论认为,研究对象如果符合开放系统、系统内部存在非线性作用、系统远离平衡态、系统随机涨落这四个必要条件,就可适用协同理论。首先,开放系统指系统与外界既有物质交换,也有能量交换,是首要必要条件。其次,远离平衡态是有序之源,远离平衡态就能够有足够大的负熵流,系统才能从无序变为有序。再次,系统只有在非线性的相干效应作用下才能使其从不稳定状态走向新的稳定状态。最后,当系统处于远离平衡态时,非常小的涨落会起到积极的建设作用,推动系统发生质的变化,通过非线性的相干效应,迅速放大形成"巨涨落",使系统由不稳定状态走向新的稳定状态。

在京津冀人才柔性共享中,四个必要条件均具备。

首先,京津冀人才柔性共享是一个开放系统。人才柔性共享不受地域、行政命令的约束,更多随资本市场流动,如待遇优惠、产业聚集、政策吸引等因素均会产生人才聚集效应。人才柔性共享是知识、技术、资本和产业合作交流的外在形式,是开放的。人才资本的交流合作与流动,本区域内外人才的开放共享,不仅能够促进本区域内人才资本的合作与流动,而且有利于三地间的产业转型、动力转换,进而带动经济的繁荣发展。

其次,京津冀人才柔性共享因存在诸多制约因素,远未达到均衡状态。京津冀协同发展涉及较多的问题和挑战,非一朝一夕能够实现。围绕京津冀人才一体化发展目标,很多工作尚在摸索阶段,真正意义上的人才共享仍然存在很多制约因素。由于远离平衡态是有序之源,只有远离平衡态才能产生足够大的负熵流,目前,京津冀人才柔性共享系统仍然是远离平衡态的,人才共享还有很大的潜力和空间,系统从无序变为有序尚需较长的时间过程。

再次,京津冀人才柔性共享并非单一线性问题。京津冀人才柔性共享所涉及的人才问题,在一定程度上是区域政治、经济和社会问题的集中反映,必然受到主观客观多种因素的影响和制约。系统只有在非线性的相干效应作用下才能使其从不稳定状态走向新的稳定状态,京津冀人才柔性共享也只有在多种复杂因素的作用下才能从无序走向有序。

最后,京津冀人才柔性共享中,许多因素都可能成为引起系统"涨落"的随机因素。随着京津冀协同发展战略的推进实施,三地间的交通日趋便利,社会保障政策逐渐协同互通,中央和地方出台诸多优惠政策、给予多方面财政支持,人才自由流动意愿变得更为强烈、迫切等等。这些因素都可能成为引起系统"涨落"的随机因素,共同推动京津冀人才柔性共享系统由不稳定状态走向稳定有序。

通过以上形成条件的简要分析,可见京津冀人才柔性共享系统完全满足协同理论的适用条件,可以基于协同理论构建京津冀人才柔性共享机制。

二、协同理论核心概念应用

将协同理论的基本思想运用于京津冀人才柔性共享机制构建,首先要明晰其中的三个核心概念。

(一)序参量

序参量是人才柔性共享系统相变前后的突出标志,此处的相变指的是达到京津冀人才一体化发展的临界现象。在相变之前,序参量为零;在临界点,随着人才柔性共享系统有序程度的增加而急剧增大。

目前,京津冀人才柔性共享系统和京津冀人才一体化发展程度一样,并未达到相变的临界点。其序参量包括中央整体规划、京津冀三地政策、社会保障、交通出行、产业结构、人才聚集程度、人才个人意愿等。序参量来源于子系统间的协同合作,从而决定着系统的有序结构,同时又起着支配子系统行为的作用。当控制参量继续发生变化时,引起合作中序参量作用和地位的变化。在这一过程中,序参量之间的竞争会更加激烈。这是因为当控制参量达到一个新的"阈值"时,最终只会留下一个序参量,由这一个序参量单独控制系统,使系统达到更高一级协同。在这样的过程中,序参量之间激烈的竞争使人才柔性共享系统的结构更加有序,进而达到新的平衡态。

（二）弛豫变量

弛豫变量分快弛豫变量和慢弛豫变量两种。

在京津冀人才柔性共享系统中,诸如交通出行、产业结构等参量只在短时间内对系统从无序状态到有序状态的临界行为发挥作用。当机会成本远远低于长期收益,或是随着京津冀协同发展的逐渐深入,这些参量的影响会变得越来越小,并对京津冀人才柔性共享系统的有序过程、临界现象等产生较小作用。为此,将这些变量称为快弛豫变量,也叫快变量。

此外,还存在另一类变量,如中央整体规划、京津冀三地政策、社会保障、人才个人意愿等变量。在京津冀人才柔性共享系统从建立、发展到兴盛的过程中,这些变量都始终发挥作用,且得到多数子系统的响应,甚至支配着子系统。即这类变量最终决定着京津冀人才柔性共享系统的发展速度和进程。为此,将这些变量称为慢弛豫变量,也叫慢变量。

（三）涨落

京津冀人才柔性共享系统中存在涨落现象。该现象是指人才供需不平衡引起的微小偏差,具体而言是人才供需平衡系统可能因为某些因素导致其偏离平衡状态。当该平衡系统中涨落逐渐消失,系统仍会处于稳定的平衡区。

在人才柔性共享系统中存在内部涨落和外部噪声两种涨落类型。其中,内部涨落是人才柔性共享系统自身产生的,主要表现为:内部体系和机制等问题引起系统运行不畅,造成人才供需不平衡。内部涨落产生的效应是局部性的,影响较小,引起系统状态的变化也非常缓慢。而外部噪声是由外部原因引起的,具体情形为:

京津冀人才共享作为京津冀协同发展的重要内容之一,受协同发展国家战略大局的影响,加上该系统的开放性、复杂性,不可避免会受到系统外很多因素的影响,尤其是当处于某些特殊的分支点上,其涨落往往被放大。

对于京津冀人才柔性共享平衡系统来说,涨落具有消极作用,因为涨落破坏了人才柔性共享系统的稳定。但是在远离平衡态,在某分支点之后,涨落作为使体系由不稳定形成新的稳定有序状态的杠杆,又起到积极的建设作用。另外,京津冀人才柔性共享系统的结构、功能和涨落之间,是相互影响和制约的关系。一方面,涨落可能引起功能的局部改变,如果调整的机制不合适,这种局部改变会引起整个宏观时空结构的改变,并反过来决定未来涨落的范围;另一方面,如果调整的机制合适,则会使京津冀人才柔性共享系统愈加繁荣兴盛,并最终达到人才的供需平衡。

三、京津冀人才柔性共享机制

在前文人才柔性共享系统中各主体相互作用、人才供需关系分析的基础上,基于协同理论思想及核心概念,本书尝试构建起京津冀人才柔性共享机制。

(一)一般原理

机制作用的一般原理如图6-6所示。

第一,京津冀人才柔性共享系统会在相关子系统和几个关键序参量的共同作用下趋向平衡。京津冀人才柔性共享系统因在人才供需和共享过程中出现较多问题,而长期处于非线性平衡状态。京津冀协同发展战略的实施,特别是京津冀人才一体化发展目标的确定及人才引领高质量发展策略的推进,对于京津冀人才柔性

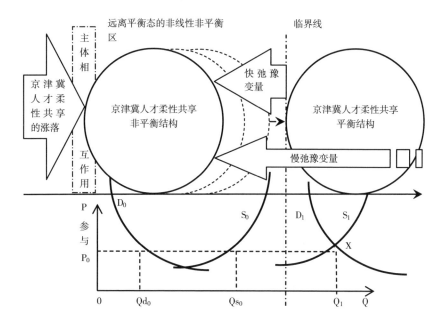

图 6-6　基于协同理论的京津冀人才柔性共享机制

共享系统来说是一次外部噪声的巨大涨落。外部环境的变化进而引起系统内部结构机制发生变动,使系统相关主体相互作用、相互反应并产生内部涨落。此时,快弛豫变量发挥作用,即快弛豫变量加速向平衡态转变一直到临界处停止发挥作用。与此同时,慢弛豫变量从始至终发挥主导作用,产生积极影响。

　　第二,京津冀人才柔性共享系统从非平衡到平衡的过程中,区域人才的供需情况也会发生转变。假定人才价格维持 P_0,在柔性共享机制的作用下,人才共享的广度、深度、速度加大、加深、加快,使人才的供给和需求增加,需求曲线从 D_0 向右移动到 D_1,人才需求的数量从 Qd_0 增加到 Q_1;供给曲线从 S_0 向右移动到 S_1,人才供给的数量从 Qs_0 增加到 Q_1。新的需求曲线 D_1 和新的供给曲线 S_1 相交于点 X,人才供需达到新平衡。

（二）PDCA 流程

PDCA 循环①是美国休哈特博士提出的一种科学的工作程序，其在日本的应用证明了该方法的科学性和有效性。基于 PDCA 循环所构建的京津冀人才共享 PDCA 循环如图 6-7 所示。在 P-D-C-A 这一循环过程中，一个循环与下一个循环或是其他的人才柔性共享流程之间并不是中断的，而是呈现为连续发生态。另外，与其他类型的人才共享在时间和空间上也并不冲突，同时同地进行人才共享且互不排斥。

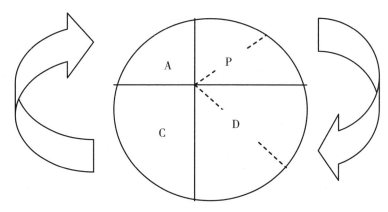

图 6-7　京津冀人才柔性共享 PDCA 循环图

P(Plan)为计划阶段。可以通过调查研究、企业反馈、研究机构研究总结、政策倡议或是设定议题，来了解京津冀某地区人才共享存在的问题。那些反映最强烈、企业最迫切、产业最需要的人才

① PDCA 循环又叫"戴明环"，是管理学中的一个通用模型，最早是由美国质量统计控制之父休哈特（Walter A.Shewhart）于 1930 年构想出来的，最初提出的构想是 PDS（Plan Do See），后来被美国质量管理专家戴明（Edwards Deming）博士在 1950 年再度挖掘出来，进一步改进和完善，并加以广泛宣传和运用于持续改善产品质量的过程中，改进成为 PDCA 模式，所以又称为"戴明环"。

就是最需要共享的人才。应当熟悉掌握企业明示或是暗示的对人才的需求、期望,以此确定共享的内容、范围、目标、程度等。通过不断引导或加强人才共享涨落,减少阻碍因素,积极利用快、慢弛豫变量,做好京津冀人才柔性共享从无序到有序的准备工作。如图 6-7 所示,在 P 阶段一般用虚线隔开分为先后两部分,首先确定目标与对象,然后确定实施的方法。

D(Do)为执行阶段。在执行之前,要经过政府议程甚至企业议程的讨论及论证,对人才共享的可行性(包含实施成本和机会成本、共享难度、是否适合本区域的实际情况等问题)、人才共享的企业接受度和满意度、社会反响、经济效益、政府内外是否支持等问题进行综合考虑,再经过法定议程确定其是否实施。如果确定实施则继续循环,此阶段是人才共享平衡结构的关键阶段,也是柔性共享方式实施的关键阶段,此阶段的成功与否直接决定了能否最终成为有序结构。此阶段也分为先后两部分,首先投入财力、人力和物力,然后具体实施创新后的人才共享。

C(Check)为检查阶段。主要对人才共享的结果进行检查与评价。检查评价内容包括:实施是否按照计划执行,是否达到预期的效果,科技是否有所提高,企业满意度如何,是否产生经济效益,等等。检查评价强调综合、客观,包括定性和定量两个方面,最好能建立已使用人才的评价库,此阶段是对人才柔性共享系统最终是否变为有序的鉴定阶段。

A(Action)为处理阶段。根据人才共享检查评价的结果,采取相应的措施,决定是否追踪决策,终止还是继续执行。如果没有形成有效的人才柔性共享有序结构,则还需追踪决策,即对人才柔性共享机制继续加以改进和创新,并进入下一个 PDCA 循环。

（三）运行过程

京津冀人才柔性共享机制的运行过程由系统内部环境和系统外部环境两部分组成（见图6-8）。系统外部环境中，在快弛豫变量和自始至终居主导性的慢弛豫变量的作用下，京津冀三地之间形成人才共享的供需平衡。系统内部环境中，作为高级商品的人才共享符合经济供求规律，在人才市场中通过技术轨道和制度轨道形成物质与人才的交换。在涨落因素的影响下，七大主体相互

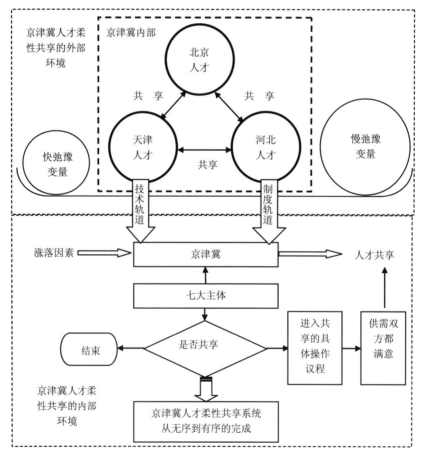

图6-8 京津冀人才柔性共享系统过程

作用,决定了人才共享的数量、质量和水平,进而影响人才共享的广度和深度。即当决定某一领域或方面共享之后,通过制定相应政策、配套机制和办法,进入具体操作环节,并在符合法律规定的情况下,最终达成供需双方满意,形成有效共享。

在这一过程中,技术轨道和制度轨道直接影响人才共享的广度、深度和水平。

技术轨道是指京津冀人才柔性共享过程中必须遵循的有关技术使用的逻辑,如人才共享的激励保障、考核考评、人才使用等技术方式、方法手段。技术轨道的先进与否直接决定人才共享的效率与有效性、持续性,是慢弛豫变量。也就是说,在京津冀人才柔性共享过程中,技术方法一定程度上直接决定了其是阻碍还是推动京津冀人才共享。一般情况下,根据不同产业的科技需求和人才需求,从产业整体上或是企业发展全局上挖掘适合自身人才的各种需求,适合的技术轨道才是能否长期有效推动共享的关键。并非技术越先进越好,成本低、具备可行性、符合科技需求和人才需要的技术轨道就能够对人才共享起到推动作用;反之则起到阻碍作用。

制度轨道指的是京津冀人才柔性共享中涉及的制度、规范、机制、政策等。狭义的制度轨道,单指政府制定的制度,因为具有人才共享的普遍性和实用性,这些制度轨道更加规范。即通过法治化、制度化、科学化、规范化的制度程序,由具体政府职能部门制定并实施,整合起来形成整体性的制度轨道,对人才共享产生全局影响,成为人才共享市场的"指挥棒"。可见,法治化、制度化、科学化、规范化的制度轨道是基本要求,而只有适应区域产业经济实际需要,并能促进企业加速人才共享又符合人才共享市场规律的制度轨道才能真正起到推动作用。

另外,在这一共享过程中,还可以明显看到涨落因素的重要性。当前对于京津冀来说,最大的涨落因素就是京津冀协同发展这一国家战略的持续推进以及人才引领高质量发展和京津冀人才一体化发展的实践探索,它会直接影响快弛豫变量和慢弛豫变量发生作用。为此,在京津冀协同发展战略实施的各阶段,都要积极发挥七大主体的功能作用,善于利用快、慢弛豫变量形成更大的内部涨落、外部噪声,以促进京津冀人才共享体系从无序非均衡状态转向有序平衡状态。

（四）动力机制

京津冀人才柔性共享需要有动力驱动。基本驱动力分为两个部分,分别为内部驱动力和外部驱动力。共享主要由外部驱动力驱动,包括三类:中央政府、两个轨道(包括技术轨道和制度轨道)和行为者。行为者在这里指的是其他相关主体,按照决定共享的重要顺序分别为人才、京津冀地方政府、人才的需求方和供给方以及其他主体。其中,人才在行为者中起到直接决定共享的作用。内部驱动力也分为三类:京津冀协同发展战略,人才共享的相关政府职能部门和政府的主要领导(见图6-9)。

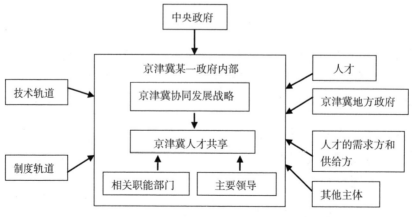

图6-9 京津冀人才柔性共享动力机制

在外部驱动力中,中央政府为最重要的驱动力。京津冀协同发展战略作为国家战略,涉及首都、一个直辖市和一个省份城市群的发展,其重要规定、大政方针都由中央调研,且经过权衡利弊之后依法依规公布实施。如审议通过的《京津冀协同发展规划纲要》,不仅明确了城市定位、发展目标和空间布局,而且为相关具体政策的陆续出台提供了框架思路。从已公布的交通一体化、通信一体化、人才一体化等方面看,都已超越了京津冀单独某个政府的权限,后续中央政府的政策导向,如医保、社保政策的衔接等仍将对京津冀人才共享产生深远影响。两个轨道的驱动力作用也是显而易见的,二者相互联系,在很多情况下互相交织从而共同影响人才的共享。而在行为者中,人才的驱动力作用最为显著,只是苦于没有合适的共享信息平台。另外,京津冀政府之间在人才共享中会形成竞争和合作关系,即在人才的引进、共享上既展开竞争,又与其他政府建立合作关系;人才的需求方、供给方也会形成市场关系;而其他主体则发挥催化剂作用,其积极行为推动实现人才共享,其消极行为阻碍人才共享。

在内部驱动力中,京津冀协同发展战略以及后续的策略规划是一种最为根本同时也是最为有效的内部驱动力。而政府主要领导,也因其所处的位置和较强的影响力和威望,成为另一种关键的内部驱动力。此外,政府相关职能部门在与人才相关主体的交互作用之中直接发现人才需求和供给诉求,直接了解人才的基本信息和共享意愿,为人才的供需双方搭建平台、提供信息,并完成机制运行的 PDCA 全过程,其作为人才共享的支持者、服务者和具体实施者同样成为有效的内部驱动力。当然,三类内部驱动力其相对重要性并非固定不变,也会随着国际、国内环境和情境的不同而发生变化,同时也会在驱动强度上发生改变。

　　总之,京津冀人才柔性共享因涉及京津冀三个行政区域,其共享机制作用的充分发挥必须建立在协同合作的基础上。一是要通过各子系统之间的协同合作促进京津冀人才柔性共享系统形成有序结构。二是政府作为京津冀人才柔性共享系统中的一个关键主体,应最大可能地发挥积极作用。如推动共享系统形成内部涨落和外部噪声,促使快、慢弛豫变量充分发挥作用,保障区域人才便捷、快速地加入到人才共享中,通过逐步放大涨落,不断推动人才供需实现平衡,最终促使京津冀人才柔性共享系统趋向稳定和动态平衡。具体而言,政府要充分发挥其主导作用,制定相应的政策和措施,积极协调其他主体,共同推动人才共享战略的顺利实施,保障个体能够按照市场规律进入人才市场,积极参与人才共享过程,以此提升京津冀三地人才利用率和人才效用,提升京津冀区域整体发展实力。

第七章　深化京津冀人才柔性共享的对策建议

本章基于上一章节尝试构建的京津冀人才柔性共享机制,进一步从强化保障支持、创新共享模式、完善具体措施等方面就深化京津冀人才柔性共享提出相应对策建议。

第一节　强化京津冀人才柔性共享保障支持

京津冀人才柔性共享需要有多方面保障支持,在所涉及的组织、政策、财政、技术保障因素中,组织保障是根本,政策支持是核心,财政保障是关键,技术保障是基础。

一、组织保障

政府作为最大的公共组织,在京津冀人才共享中无疑发挥着最重要的作用。如前文所述,京津冀三地政府部门在人才柔性共享中该如何与其他相关主体互动,以发挥政府的主导作用呢? 在这里,不妨将政府与其他相关主体看成是一个整合后的大组织,即人才共享组织来加以分析。

齐明山(2007)认为,在服务行政模式下,组织整合需要以合作为前提建立一个整合机制,其中,"权威——竞争——合作"是这一整合机制的三个要素①。由此,京津冀人才共享系统各相关主体也要以合作为前提,构建体现"权威——竞争——合作"三元整合因素并存的整合机制。其中,政府要突出在制度、机制、政策制定方面的权威;京津冀三地人才供应单位之间、需求单位之间以及人才之间要遵循市场规律,形成竞争关系;其他主体之间则要建立合作关系。通过三元整合,共同促进京津冀人才共享系统的顺利实施与长远平衡。因为政府良好的人才共享服务源于多方合作,共享建立在多方合作的基础上,合作之中产生的信任和默契,既加强了相互间的理解,又建立并巩固了人才共享的平衡结构。

另外,根据协同理论的基本观点,结构决定功能,功能影响涨落,涨落影响结构;同时,功能改变结构,结构影响涨落,涨落改变功能。三者互相影响,彼此制约。据此,京津冀政府为了更好地实现人才共享,服务人才共享的政府部门结构也要适当改变,以适应共享的水平和质量以及涨落的输入。

具体来说,政府整合可以从以下三个方面进行改革和创新。

一是新的责任、激励机制。政府一旦设定了目标,就需要有自上而下对京津冀政府负责的机制,通过结果导向的人才共享目标制定、绩效考核责任共担等,将政府责任落实到人才共享的各个环节,同时也要有相应的奖惩机制,做到责任清晰,奖惩分明。

二是新的政府合作协调形式。指进一步加强京津冀政府相关组织内部的合作、沟通与协调等。积极贯彻落实各类人才规划,增强区域人才的协调发展、共享发展理念,努力构建服务京津冀人才共享的服务型政府和创新型政府,不断提高政府工作人员的理念

---

① 齐明山、陈虎:《论服务行政模式中的组织整合》,《湖南社会科学》2007 年第 3 期。

认知和服务能力。

三是新的服务方式。积极发挥京津冀各级政府的创新资源优势,以服务企业人才需求为宗旨,结合各地实际创新人才共享的服务方式,通过灵活周到的"全流程服务",让区域人才资源得到最充分的使用。

二、政策支持

这里所指的政策为广义的公共政策,既包括相关法律、法规、章程、制度,也包括健全、完善的体制、机制等。《京津冀人才一体化发展规划(2017—2030年)》提出:要建立有全球竞争优势的区域人才一体化发展体制机制和政策体系。为此,针对京津冀人才柔性共享,京津冀就是要以协调、发展、开放、共享的理念,在不断增加区域人才供应量和提升人才质量的同时,为区域人才最大限度实现共享提供更加全面、更为切实的政策支持。

一是以法治观念和法治思维做好京津冀人才共享相关政策的制定。完善法律法规,对人才共享合作中的成果归属、收益分配等重要问题给予明确规定,从法律高度构建推动人才良好共享合作环境;从法治角度、制度规范的角度确保人才共享合作顺利实施,真正破除京津冀政府之间因法律法规政策的不健全引发的矛盾冲突。

二是按照市场规律制定人才共享相关政策,以着重解决人才供应单位、需求单位、人才个体之间的市场对接问题。人才共享合作中,既要按照市场交易原则明晰人才价值标准,又要充分尊重人才的主观意愿和切身感受,设身处地考虑他们的实际需求和现实困难。

三是完善社会保障、医疗保险等人才重点关注且会直接影响共享合作的相关保障政策,以改善人才发展环境。满足共享人才需求,创新性实施好人才安居、人才医疗服务、人才子女教育等工程,解除人才后顾之忧。

四是加强人才服务与管理相关政策体系建设,制定出台协调互融的评价考核制度办法,以激励专业管理机构和人员更好、更有效地为人才共享提供优质服务。大力推行"一站式"服务模式,提升服务品质,让区域内共享的人才"少跑腿""零跑腿"。

五是健全包括物质奖励和精神奖励在内的多样化人才共享激励政策,最大限度促进人才供需双方共享合作的积极性、主动性,提高人才的利用效率,实现人才共享价值的最大化,加速人才资本在京津冀区域内的灵活流动和优化配置。

三、财政保障

公共财政最重要的特征是满足公共产品需求。财政支出的供给范围需要按照公共财政的要求进行清晰明确的制定,凡属于或者可以纳入社会公共领域的事项以及为之服务和管理而产生的合理支出,财政支出都应予以保证。区域人才一体化发展,区域人力资本的积累有赖于公共财政的持续投入。由此,为了更好地实现京津冀人才柔性共享,提升人才资本价值总量,确保京津冀人才柔性共享机制有效运行,需要有政府财政的支持和保障。

一是针对性开展京津冀人才柔性共享专项调查、实地调研及专家咨询,进一步明晰人才共享实践中存在的财政约束,了解人才合作单位的资金需求,以便为协调保障京津冀人才共享合作专项经费,为人才提供更为优质的服务提供决策和管理依据。

二是探索建立人才共享刚性预决算制度,设定人才共享专项基金、专门账户,用于人才共享合作方面的人员绩效、科研合作、技术创新等公共财政支出。同时强化跨区域、跨部门资金统筹和合理应用,提高资金使用效率,力求每一分钱都花在"刀刃"上、落在实处里。

三是研究出台财政补贴、税收减免等相关政策,从财政税收角度,对京津冀区域人才的跨界合作、跨部门流动,实现智力共享提供财力支持,以减少人才共享带来的机会成本损失,消除共享阻碍。对于人才共享合作中的重大科技成果转化项目,可考虑给予一定程度的贴息或免费补贴;对科技成果转化产生的发明专利、商标、软件著作权等申请费给予全额补贴;对企业投资京津冀高校和科研机构人才项目共享合作的,给予合作经费一定比例的补贴;等等。

四是制定激励性财政保障举措,对京津冀人才共享合作做出重大贡献的组织、个人给予奖励,同时加大人才共享平台建设,特别是技术融合、信息互通互联、跨区域平台维护和管理所需公共财政经费的支持力度。

四、技术保障

京津冀人才柔性共享机制运行的各个环节,特别是在共享平台搭建、人才信息链条融通、公共服务平台管理、工作绩效评价等方面都需要有一定的技术保障。

一是建立专家辅助决策支持系统。人才有效共享依托能够提供详尽人才分类信息的汇总平台,平台供需双方海量基础数据的挖掘、清洗和运用,需要有专门的技术辅助系统支持,为人才共享提供科学、精准、细分的决策意见参考。

二是开发人才合作共享专门软件,强化新技术应用。打通人才信息链条,构建京津冀统一、开放、共享的人才大数据信息平台,需要先进的计算机软件技术支持,需要开发设计和制作容易对接、方便操作的专业软件,一方面确保人才信息的准确记录、传递,实现融通共享;另一方面也规避个人信息泄露,确保信息绝对安全。

三是强化人才公共服务管理新技术、新方法、新手段的运用。京津冀区域人才的合作共享,需要有区域人才公共服务平台的支持,随着信息技术的迅猛发展,新方法、新手段层出不穷,如人工智能在人才搜索、岗位匹配方面的应用,"一键通"人才服务的集成等,都大大提高了人才管理服务的便捷性、高效性。

四是提升人才共享工作绩效评价的技术含量。在京津冀人才柔性共享机制运行 PDCA 过程中,需要对人才共享进行综合评价总结,为减少评价的主观性,增强科学性、精准性、客观性,有必要建立涵盖人才共享组织、共享个体的绩效评价记录,建立共享融通的绩效数据库,以全面把握区域用人单位人才培养、使用和人才共享、合作、发展的状况。

第二节　创新京津冀人才柔性共享模式

实现京津冀人才柔性共享的关键是要坚持人才"以用为本""不求所有,但求所用"的理念和原则,开阔视野和思路,结合区域实际,多层面、多渠道实践探索人才共享模式。长三角、珠三角地区及京津冀区域前期的实践经验表明,诸如"星期天工程师""人才外包""人才租赁""城际候鸟""海外候鸟""数字化医疗协作系统""大学联盟"等均是非常有效的人才共享模式,且在相关专业领域发挥了重要的人才智力支撑作用。随着京津冀协同发展的深入推进,京津冀人才一体化发展目标的实现,还需要在遵循人才供求规律的前提下,进一步探索多样化的用人通道,要以创新更多更优的人才共享模式真正盘活、用好京津冀区域人才。

一、"项目+人才"共享模式

一般而言,企业与企业之间、地区与地区之间,经常会有技术项目上的合作,技术的掌握、技术的运用和创新依靠的是人才。由此,区域、行业、组织间技术项目上的合作从本质上来说也是人才共享的一种形式。人才根据某一特定项目的流动而流动,人才参与项目的合作期限可视具体情况来确定,也可以根据合同来确定。这一合作形式非常有利于专家把技术运用到最需要的地方。

在政府与社会资本合作领域,存在一种 PPP(Public-Private-Partnership)模式,具体是指在公共基础设施建设、公共产品或服务提供领域,社会资本、民间资本与政府间的一种合作。从体制上看,PPP 是宏观层面的投资体制改革,是政府的一种管理模式。受此启发,在人才共享领域,也可以探索建立可称为 PSTPP(Project-Scientific and Technical Personnel-Partnership)的"项目+人才"共享模式。这一模式实际上是项目与人才的捆绑模式,也是一种相对独立的人才共享模式,即人才随着项目进行共享,项目全程都有人才同时参与,项目结束则人才随之结束合作。在这一模式下,人才与项目本身存在合同关系,在项目流转和共享过程中,人才只对项目负责,不对供给方、提供方负责,项目供应方对人才不具有法律关系,与人才之间也没有利益关系。

当前京津冀人才柔性共享的主要制约因素中,除了平台渠道、信息沟通以及机制政策的问题之外,突出的问题是缺少社会保障以及来自原单位的阻碍。PSTPP 模式通过项目与人才签约的合作形式,既解决了社会保障异地衔接等问题,也不存在原单位的阻碍,同时按照契约精神,人才与项目依法依规进行合同签订,还避免了与供应方、提供方之间存在的其他不必要法律纠纷问题。另外，人才是共享的直接决定者，其在 PSTPP 模式中往往是在预知项目会异地进行的前提下，才会签订合同，自然也减少了来自人才主观因素的阻碍。基于此，为提高人才共享的效率，强化人才共享的对口性、针对性和有效性，应重视推广运用 PSTPP 这一"项目+人才"共享模式。

在推进 PSTPP 项目合作过程中，政府扮演着重要角色。在 PSTPP 项目的推进和实施过程中，政府应起到推动促进作用，即发挥好宏观调控指导、保障和服务作用。一是做好政策支持，出台制定相关法律法规和文件；二是加强领导，加强宣传，并开展好业务培训；三是完善服务职能，做好统筹协调、咨询建议，鼓励人才广泛参与；四是制定保障人才利益的法规政策。

二、"人才新区"共享模式

为更有效吸引并留住人才，近年来多地尝试构建了"人才特区"，如北京的中关村"人才特区"、天津的滨海新区"人才特区"等。"人才特区"一般都实行特色人才政策，以最大限度集聚人才、用好人才。

"人才新区"类似于"人才特区"，可以说是"人才特区"的升级版，是改进之后的"人才特区"。具体来说，"人才新区"是指在特定区域内，政府出台一系列人才优惠政策，采取人才供需双方可协商的、更加灵活多样的人才机制，创新性地将"无中生有"的"创智"、"拿来主义"的"引智"、"有中生新"的"培智"以及"开放共享"的"享智"相结合，打造更加全面、立体的基于人才发展、智力共享的多样化平台，以达到"人才尽其用、人才带动创业、人才吸引项目资金落地、人才促进产业聚集、人才引领科技创新"目标，通过人才集聚、智力共享,带动、引领区域高质量发展的一种战略举措。"人才新区"以人才为核心,有益于打破区域界限,推动平台共建、政策互通和智力共用,能够为人才共享提供广阔的探索空间。

《京津冀人才一体化发展规划(2017—2030年)》提出:要"依托以首都为核心的世界级城市群建设,优化引才用才区域品质,汇聚全球顶尖人才,打造'世界高端人才聚集区'"。京津冀地区对外要形成团队意识,通过协同,建立更多面向全国、面向世界的"京津冀人才新区",并在创新人才政策,更好实现新区内人才柔性共享方面积极进行实践探索。如依托京津冀三地高新技术开发区等载体,共建高层次人才"创业园"、联合攻关"试验田"、成果转化"试验厂";联合建立国内一流、国际先进的研发中心或分支机构;共建博士后流动站、工作站;挂牌成立研究生院(部)、研究生实践基地等。

京津冀在打造"人才新区"的过程中,应特别注意将其视为一个整体概念。即进一步强化人才政策、制度的统一和衔接,京津冀三地要能够互相弥补对方的不足,突出各自优势,以形成整体吸纳力、聚合力,实现共利共赢。另外,也可通过"人才新区"在京津冀三地的"连锁"设立和延展,打破"人才新区"的地理空间、边界局限,让人才在京津冀地区自由流动,实现政策共融、信息互通、人才共享。

三、"互联网+人才"共享模式

近年来,互联网的迅猛发展为人才的培养、使用和流动带来了新的挑战,同时也提供了实现人才共享的广阔空间和便利渠道。互联网技术与传统人才合作模式的深度融合,"互联网"和"人才"

的联通对接能够更好提升区域人才共享的成效。

"互联网+人才"共享模式是互联网思维的实践成果,利用信息通信技术推动互联网产业与人才行业领域的深度融合,带动科技创新,不仅为人才共享的创新与发展提供了广阔的平台,而且在信息技术发展和京津冀协同发展双重背景下,这一模式也有望在京津冀人才一体化发展中形成能盈利的信息产业,且产生的经济效益还能为人才共享提供更好的服务与管理。

京津冀区域"互联网+人才"共享模式的运用可以先从以下三个层面展开。

一是依据互联网思维打造人才共享工作数字化基础。注重互联网与人才共享工作的全面融合,形成新时期区域人才共享的新业态,充分利用信息通信技术构建京津冀区域互联网人才大数据平台,完善人才互融互通体系机制。

二是依托互联网打造专业化人才共享沟通平台。如在平台上共享政府相关政策、人才供需双方供求信息、人才数据信息等;根据人才个体意愿和倾向,开展精准化数据分析和匹配等。

三是借助互联网技术优化人才共享服务与管理工作。在互联网信息技术的支撑下,优化网上人才共享管理、服务流程,完善网上签约、合同办理手续,并在后续人才绩效评价、人才信息反馈、追踪等方面体现高效率。

四、"人才联盟"共享模式

"人才联盟"一般由各行各业的优秀人才组成,作为一种相对松散、广泛、灵活的组织形式,能够在推动区域人才的跨界融合、智力共享与协同创新上发挥重要作用。在京津冀协同发展大背景下,聚焦京津冀人才一体化发展目标,京津冀区域完全可以建立众多的区域性"人才联盟"。

"人才联盟"是一种有益的人才共享方式。因为通过联盟共建,用人主体"零距离"接触人才,灵活开展"人才租赁""人才流通"等,可以打通各类用人主体间的关联通道,为人才共享搭建更多样和更便捷的路径,从而有益于实现人才价值的最大化利用和人才链、价值链创新。

京津冀"人才联盟"的建立,一要树立合作共赢意识,要在发挥好三地区位比较优势的基础上形成联盟强大合力,特别是在项目成果转化、设备资源共建共享、人才互动交流等方面加大合作力度。二要注重搭建人才共享交流平台,夯实联盟组织基础,定期或不定期组织开展人才联谊会、人才沙龙及其他人才团建活动,畅通人才共享的联动渠道,促进各领域人才互融互通。三要强化组织管理创新,如成立人才共享创投基金、人才共享产业基金,以资金扶持、贷款贴息及股权共享等方式不断吸引优质人才加盟,构建形成联盟人才共享良性循环生态。

五、"人才飞地"共享模式

现如今,"人才飞地"作为一种柔性共享人才的新模式,已经被各地广泛采用。"人才飞地"是指注册在某区域的企业,通过在创新资源集聚的地区建立集中办公区、创业园区,搭建信息资源平台,打通人才、资金、项目流通共享渠道,实现项目孵化在异地、产业化在原区域的一种柔性引才方式。即实现孵化在飞地、产业化在本地,研发在飞地、生产在本地,前台在飞地、后台在本地的人才创新资源整合共享方式。

"人才飞地"的妙处在于将传统的"本地筑巢"转变为"邻凤筑巢",通过跨行政区域建设飞地孵化器,实现研发、生产两地化。

相比以往的模式,飞地孵化器既顾及到了人才的工作、生活便利,又考虑了自身的实际处境,以项目为纽带,带来更多的利益共赢,也使这种合作更为稳固。此外,"人才飞地"采用市场化的运作模式委托专业第三方进行运营(委托租赁模式),第三方统一租赁商务楼宇、代理开展招商引智、受托对接人才及研发需求;政府出台政策给予支持,但不参与管理,也不干预运营商的经营活动,不对飞地运行经费兜底,由运营企业自求平衡、自负盈亏。这样的模式设计,不仅把政府与运营商进行了有力捆绑,而且最大限度地降低了人才共享成本,取得了良好效果。

如前所述,京津冀是全国创新资源相对丰富的区域,特别是京津两地,人才优势和城市公共服务、人文环境优势都非常显著,周边区域、河北腹地各地市完全可以充分利用北京或天津的优质资源,在京津建设"人才飞地"集中载体。通过不断强化"人才飞地"之间的沟通交流,创建有效的"创新共同体",形成人才工作、生活在京津,服务贡献在京津冀的人才共享格局,实现区域间互利共赢。

六、"揭榜挂帅"共享模式

"揭榜挂帅"制也被称为科技悬赏制,是一种以科研项目成果兑现科研经费投入,共享人才智力的机制。一般运作方式是:为了解决社会中特定领域的技术难题,由政府组织面向全社会公开、专门征集科技创新成果,并针对性做出非周期性科研资助安排。其主要特点为:揭榜标的公开募集、需求导向创新、申请入口全社会开放、结果导向评审、过程公平竞争、唯成果兑现奖励等。通过这一机制,项目单位能够以更加开放、创新的方式,最大限度调动全社会各方面人才智力资源,以最快速度找到切实可行的问题解决方案。

"揭榜挂帅"制将市场"赛马"这一公平竞争机制引入科技创新资源整合,能够在更大范围实现人才创新价值最大化,最大限度发挥人才效能。京津冀区域具有巨大的科技创新资源和潜能,推进京津冀协同发展进程中,也有太多的科研技术难题需要去攻破,"揭榜挂帅"制作为一种有效的资源共享方式很值得推广应用。立足京津冀区域功能定位,在推广"揭榜挂帅"制时,还要特别注重瞄准世界科技前沿,建立健全以创新能力、质量、贡献为导向的科技人才评价体系,形成并实施有利于科技人才潜心研究和创新的评价制度,让有能力的人才有机会"揭榜"、有资格"挂帅"出征。要破除论资排辈"老框框",以揭榜者能力、实绩为选拔标准,突出权责相称并配套相应资源,要把项目交给真正想干事、能干事、干成事的人才手中,以真正体现"揭榜挂帅"制在人才创新资源整合共享上的作用价值。

第三节　深化京津冀人才柔性共享具体举措

一、树立跨区域人才柔性共享理念

思想是行动的先导。树立"不求所有,但求所用"的跨区域人才共享理念是京津冀建立人才柔性共享机制的重要前提,也是充分用好人才这一战略资源,使人才价值得到最大化呈现的必然要求。

如前文所述,京津冀作为全国创新资源最为密集的地区之一,区域人才具有集聚力强的特点,但又因为长期以来地区发展的不平衡,也客观存在人才差异化配置的状况,在一定程度上决定了京津冀之间实现人才共享的必要性和现实可行性。

为此,在京津冀协同发展大背景下,京津冀人才一体化发展需要在突出市场导向,充分发挥市场在人才资源配置中的决定性作用,更好发挥政府作用的框架体系内进一步强化人才柔性共享理念。即用人主体要实现"思想破壁",破除"独赢"思维,确立共同利益基础上的双赢共赢观念,不唯地域引进人才,不求所有开发人才,不拘一格用好人才。各区域要发挥比较优势,集中力量开展多种形式的人才合作,力求形成京津冀地区人才共享的整体良好态势。

二、确立人才柔性共享互联网思维

作为一种系统思维,互联网思维涵盖市场、政府、用户乃至整个经济社会的各个领域。移动互联网的不断发展、大数据技术的逐渐成熟和云计算领域的逐步拓展是互联网思维产生的客观条件和时代背景。互联网思维能够带来更多开放、互动、平等、共享的理念。互联网思维主要包含用户思维、平台思维、极致思维和简约思维。

第一,京津冀人才来自各个行业领域,工作空间和生活方式相异,是用人单位的不同"用户"。在人才共享合作中,只有充分尊重"用户"的实际情况,借助网络媒体才有可能将零碎化、片断化的时间充分利用好。如开通人才微博,创新"生动活泼"的人才共享方式,人才借助互联网,突破地域时空限制,成本低、高效率开展工作,实现网络交流互动,共享知识、智慧等。

第二,京津冀人才是区域创新的主体,在人才共享合作中,应让人才有"声音"、有"身影"、有作为、有自尊,让人才拥有自主权、掌握主动权。为此,要注重借助互联网平台提高人才共享工作的透明度,如加强人才共享工作的信息发布、公开共享条件、途径、程序,定期汇总、分析共享数据资料等。

第三,随着京津冀协同发展的深入推进,京津冀人才具有了越来越强的地域归属感,在人才共享合作中,基于互联网思维,可依托网络技术进一步营造良好的人才共同体氛围。如:建立人才共享微信平台,开展便捷、平等、高效的信息沟通和情感交流,引导积极向上的"对话""群聊",同时注重关心、帮助、解决人才在工作、学习、生活中的困惑,打造京津冀区域人才共享"精神家园"。

三、重构多路径人才柔性共享通道

京津冀区域可从以下多重路径实现人才柔性共享:

一是人才政策互通。京津冀三地各有自己的系列人才政策,如人才引进政策、人才培养政策、人才管理激励政策等。京津冀区域人才柔性共享的实现,需要三地间各种人才政策的衔接和互通,以便有效整合京津冀现有资源,为人才开发、人才共享提供政策引导。为此,京津冀三地应针对区域人才供需进行有效沟通与积极协调,即京津冀三地无论哪一省市出台人才政策,都应当注重询问各方意见,听取、借鉴、吸纳合理建议,唯有如此,才能制定出符合京津冀整体区域实际、融合互通、相关衔接的人才政策。

二是人才信息互联。京津冀区域人才柔性共享的实现,需要建立一个区域内统一的信息交流平台,以保障区域内人才信息的互联互通。在统一信息交流平台下,人才网站信息的发布,各类讲座、论坛、学术交流等通知公告,要注重通过系统集成,突出时效性、准确性、联通性,要方便京津冀区域各类人才获得有效信息,以充分实现信息资源的共建、互联、共享。

三是人才市场共营。京津冀区域人才柔性共享的实现,需要充分发挥市场在资源配置中的决定性作用,做好区域人才市场共建、共管,以进一步强化人才的市场化合理配置、流动。一方面,整合京津冀三地人才服务工作优势,构建统一、共同、互利的人才市场公共服务框架体系,通过互设分支公司机构以及相互代理等方式方法,开展多种类异地资源配置和专业服务。另一方面,对京津冀现有各类人才市场和劳动力市场进行整合对接,在确保区域性综合人才市场、专业人才市场功能作用发挥的同时,注重协同共营,强化整体辐射能力。

四是人才中介共融。京津冀三地拥有各自的人才中介服务机构,京津冀区域人才柔性共享的实现,需要充分发挥人才中介服务的桥梁纽带作用。一方面,要鼓励人才中介机构拓展服务领域,如提供高度专业化的人才共享服务项目和中介服务,包括针对区域人才共享的质量评估、职业资格认证、能力培训、制度标准制定等。另一方面,要通过共建互融,不断壮大京津冀人才中介服务队伍,全面提升中介服务机构人员业务发展能力素质等。

五是人才项目共建。在社会化发展和专业化分工的时代背景下,人才资源作用的充分发挥,有赖于人才项目的承载。京津冀区域人才柔性共享的实现,需要在三地产业功能定位和结构优化的前提下,对接好产业项目,特别是发挥三地产业互补优势,形成产业链、资金链、人才链。要通过与产业密切对接的人才项目共建,强化对人才的柔性引进和开发,提升人才资源能力,实现人才资源整合共享。

四、健全人才柔性共享相关机制

以柔性共享方式用活、用好人才,关键是建立健全有利于人才作用发挥、有利于人才发展、有利于人才价值实现的相关机制。

一是建立京津冀人才共享联动机制。京津冀三地分别制定自己的区域政策,很容易出现政策重复或政策不统一等问题,必须从提高政策效率的视角加以规避。在人才共享政策制定执行过程中,要做好组织协调、协同配合,三地要联动打好区域政策"组合拳",根据各自的优势和特色,合理定位,自觉强化政策协同,共同实现区域人才柔性共享目标。

二是建立京津冀人才联合培养机制。教育培训对实现区域人才高水平合作共享具有重要的基础作用。京津冀地区聚集了我国高等教育的许多优势资源和教学科研力量,众多"985 工程"和"211 工程"院校在京津冀地区的布局使该区域整体科研能力和教育培训水平处于全国领先地位。在京津冀人才共享合作中,要充分认识到三地各自的人才资源优势和存在的不足,注重多层次、全方位、立体化人才教育联合培养机制建设,充分发挥各种资源优势,开展大规模、常态化、专业化人才培训。如通过联合建立继续教育日、继续教育周等方式,强化区域人才联合培养,最大限度彰显教育培训的实际功效,为人才共享合作奠定人才储备基础。

三是建立京津冀人才共享激励机制。遵循和运用价值规律,健全与工作业绩紧密联系、充分体现人才价值、有利于激发人才活力和维护人才合法权益的激励保障机制;完善各类人才薪酬制度,加强对收入分配的宏观管理;坚持精神激励和物质奖励相结合,促进人才自身价值与人才社会价值相匹配。一方面,在经济条件允许情况下,可考虑以政府为主导、社会机构为辅助,建立特殊人才共享奖励体系。政府可通过物质奖励与精神奖励相结合的多种方式,对在人才共享方面做出突出贡献的单位和组织进行表彰,以提升单位、个人共享合作的积极性。另一方面,要在人才共享合作中强化人才收益分配激励。人才收益分配激励直接决定着人才流动、共享的深度、广度。其核心是健全完善按照知识、技术、管理、技能等生产要素和贡献参与分配的机制。要打破在收入分配上束缚人才积极性、创造性和潜能发挥的瓶颈,按照收入与贡献挂钩的原则,鼓励以高薪、以国际国内市场价格柔性共享人才,实行一流人才、一流业绩、一流报酬。对共享到党政机关、事业单位的,原则上比照其原有工资标准执行,同时每月增发一定数量的津贴;对共享到企业的,由用人单位参照市场价格自定工资和津贴标准,也可以股权、期权的方式支付报酬,其工资计入成本不受单位工资总额限制;对高层次柔性共享的创新型人才、智力,则应采取双方协商实行协议工资、以技术和项目为核算单位的项目工资、科技成果(含专利技术和非专利技术)作价入股、一次性支付专利使用费、按营业额或销售额提成等多种方式确定工资报酬;对携带资金共享合作、创办企业的,除在税收、土地等方面实行优惠外,还应根据投资额度给予一次性现金奖励。

四是健全人才共享市场配置机制。实施柔性引才战略,推进京津冀人才共享,必须遵循市场规律。要通过不断完善人才市场配置机制,为区域人才流动、共享提供公平竞争平台。遵循和运用供求规律,进一步理顺人才共享过程中所涉及的部门关系,打破传统的户籍、档案、身份等人事制度的瓶颈约束,鼓励各类人才通过兼职、定期服务、技术合作、项目引进、人才租赁等多种方式,实现人才资源共享,既让外地人才"进得来,留得住",也让本地人才"出得去,回得来"。

五是健全人才共享选拔评价机制。一方面,遵循和运用竞争规律,进一步完善京津冀区域相衔接的专业技术人才职称评定办法,不断推进职称聘用制改革,以打破专业技术职务终身制为重点,改进和完善专业技术职务聘任管理制度,坚持以科学设岗为基础,以强化单位自主聘任为核心,真正建立起按需设岗、按岗聘任、平等竞争、择优上岗的专业技术职务聘任制度,切实解决"能上能下、能进能出"的问题。改革高层次人才评选方式和方法,形成有利于区域各类优秀人才脱颖而出、互利互通、充分施展才能的选人用人机制。另一方面,推进区域人才评价标准体系建设,推动三地人才评价权力下放、评价标准统一、评价结果互认。充分发挥公共服务机构和专业人才服务机构的作用,建立多元化、市场化、社会化、规范化的人才评价激励机制;以能力、业绩、贡献作为专业人才评价主要标准,更加重视个人业绩与社会贡献度。

五、拓宽人才柔性共享公共服务渠道

人才共享合作往往涉及三个行为主体:一是提供共享人才的部门,我们称之为人才派出单位,二是接收共享人才的部门,可以称之为人才使用单位,三是共享人才本身。如果能够建立一个专门服务于三方的中介机构,那么无论是人才共享合作需求的发布、人才派出单位的选择,还是人才的评价及权益保障,以及在共享合作过程中产生的问题都可以通过这一机构予以解决,即专门机构为人才共享合作工作的开展提供全流程服务。

随着京津冀人才一体化发展工作的深入推进,京津冀区域人才在区域内参与共享合作时,有可能会涉及档案、户口等的管理和接续问题,当人才与共享合作机构发生利益纠纷时,一般很难使其权益得到保护。为此,在京津冀区域人才共享合作过程中,非常有必要建立专业的人才共享服务机构,以维护京津冀跨区域共享人才的各项权益。一方面,京津冀三地要通过进一步完善人才专门服务机构的服务水平和业务范围,如增强政策制度的规范性、透明性,优化共享信息查询、法律援助服务等,确保区域人才共享合作的顺利进行;另一方面,作为人才共享合作的公共服务部门,要注

重通过保障人才共享合作中人才派出单位、使用单位及人才本人的合法权益,进一步增强公共服务部门及人才参与共享合作的安全感,提高其参与的积极性。

六、建立统一人才柔性共享信息网络平台

现代网络技术、通信技术的快速发展,使京津冀区域内的经济实体和人才间的联系变得日益活跃和快捷,并且不断向广度和深度拓展。京津冀要实现人才柔性共享,必须把建立人才政策信息和服务网络平台作为人才共享的媒介和载体。

一是推进人才市场的网络化发展,合作共建统一的人才信息资源共享平台,优化信息沟通渠道,提升共享合作效率。

二是建设覆盖不同行业专业领域、不同层次层级、不同机构主体的京津冀人才云数据平台,动态掌握京津冀人才现状及结构,摸清人才家底。

三是合作建立包括高端人才、各级各类专业人才、大学毕业生在内的京津冀人才信息库。

四是根据用人单位的职位需求,建立用人单位需求库。及时发布人才市场供求信息,同时根据市场调研情况,加强人才需求预测,定期发布紧缺急需人才目录表。

五是加快网络信息技术建设。通过科技攻关,建立高效、快捷的信息网络,使人才信息资源覆盖京津冀所有区域,并逐步完善网上人才招聘形式,减少人才开发共享成本,最终实现人才和人才需求方的共赢。

七、建设多层面人才柔性共享承载平台

人才共享承载平台是人才进行智力生产和智力转化的重要媒

介,是人才生态系统的重要组成部分。京津冀区域人才柔性共享的实现,必须在多层面人才共享承载平台建设上加大力度。

一是鼓励发展科技型企业,积极引导企业增加研发投入,加强科技创新平台载体建设。瞄准新一轮科技革命、产业革命前沿领域,顺应发展趋势,前瞻性建设国际化研发机构、工程中心、联合实验室等系列高级科技创新平台,使之成为区域内人才资源共享的载体。

二是构建区域内人才共享发展园区或创新创业平台。如充分利用先进地市创新资源建设"科创走廊""创业小镇"等,完善区域间科研成果转化生产服务体系,破解后发展地区人才短缺困境,实现相异区域人才资源的共享和优化互补。

三是创新人才与产业融合模式,建设产业与人才融合平台。如成立产业大学等,盘活沉淀在高校、科研院所的人才资源,健全产学研用链条,提高科技成果转化率,将大量沉淀在实验室里的科研成果真正转化为生产力。

主要参考文献

一、中文文献

（一）著作类

1. 陈晓萍、徐淑英、樊景立:《组织与管理研究的实证方法》,北京大学出版社 2008 年版。

2. 桂昭明:《人才资本论》,科学出版社 2014 年版。

3. ［德］赫尔曼·哈肯:《高级协同学》,郭治安译,科学出版社 1990 年版。

4. ［德］赫尔曼·哈肯:《协同学》,凌复华译,上海译文出版社 2013 年版。

5. ［英］霍恩比:《牛津高阶英汉双解词典》(第 9 版),李旭影等译,商务印书馆 2018 年版。

6. 康振海:《河北蓝皮书:河北人才发展报告(2021)》,社会科学文献出版社 2021 年版。

7. ［美］乔治·J.鲍哈斯:《劳动经济学》(第七版),沈凯玲译,中国人民大学出版社 2018 年版。

8. 萧鸣政、戴锡生:《区域人才开发的理论与实践》,中国劳动社会保障出版社 2009 年版。

9. 鄢圣文:《京津冀人才一体化发展战略》,中国经济出版社 2016 年版。

10. 叶堂林等:《京津冀蓝皮书:京津冀发展报告(2021)》,社会科学文献出版社 2021 年版。

11. 叶忠海:《区域人才开发研究论集》,上海三联书店 2006 年版。

12. 张洪温:《北京人才蓝皮书:北京人才发展报告(2020)》,社会科学文献出版社 2020 年版。

13. 浙江理工大学全球共享经济研究院:《共享经济:理论与实践》,经济管理出版社 2020 年版。

14. 赵新喜:《京津冀区域人才合作政策创新研究》,中国经济出版社 2016 年版。

15. 闫志军:《京津冀区域一体化视阈下河北省高等教育发展战略研究》,中国社会科学出版社 2016 年版。

16. 孙久文等:《京畿协作:京津冀协同发展》,重庆大学出版社 2019 年版。

17. 京津冀协同发展领导小组办公室:《京津冀协同发展报告 2020 年》,中国市场出版社 2021 年版。

18. 张辉等:《中国都市经济研究报告 2019:京津冀一体化公共服务政策供给机制创新研究》,北京大学出版社 2020 年版。

19. 上海市人民政府发展研究中心:《长三角一体化与高质量发展》,上海远东出版社 2020 年版。

20. 周洁:《长三角产业转型与人才开发战略研究》,北京大学出版社 2010 年版。

21. 郭庆松、赵建平:《长三角人才共享研究》,中国人口出版社 2006 年版。

22. 张军:《"珠三角"区域经济一体化发展研究》,经济科学出版社 2014 年版。

23. 程达刚:《人才战略理论与方法》,党建读物出版社 2017 年版。

24. 余兴安等:《中国古代人才思想源流》,党建读物出版社 2017 年版。

25. 王聪:《基于人才聚集效应的区域协同创新网络研究》,知识产权出版社 2019 年版。

26. 连玉明:《京津冀协同发展:新理念新战略新模式》,当代中国出版社 2017 年版。

27. 赵光辉:《人才发展学》,知识产权出版社 2016 年版。

28. 郭庆松等:《人才发展:突出问题及对策研究》,人民出版社 2018 年版。

29. 王通讯等:《人才学》,人民日报出版社 2015 年版。

30. 中国人才创新创业优质生态圈评估研究课题组:《中国人才创新创业优质生态圈发展报告(2018)——对北上广深杭 5 市 25 区的第三方评估》,中国社会科学出版社 2018 年版。

(二)论文类

31. 林申清、施士宇:《高校图书馆人才共享设想》,《大学图书馆通讯》1985 年第 1 期。

32. 单联民:《略论高校人才共享资源共用》,《南昌职业技术师范学院学报》1994 年第 4 期。

33. 郭庆松:《人才共享机制:区域经济一体化的最佳选择》,《人才开发》2006 年第 11 期。

34. 高兆刚:《基于组织间合作的科技人才共享模式选择研究》,《中国人力资源开发》2010 年第 5 期。

35. 罗凤英:《上海——建设国际型大都市与长三角人才共享》,《人才开发》2006 年第 9 期。

36. 宿敬肖、闫晶:《京津冀协同发展背景下人才共享相关研究》,《商场现代化》2016 年第 3 期。

37. 聂顺江、孟令熙:《中小企业人才租赁影响因素的实证研究——以青岛为例》,《云南大学学报(社会科学版)》2012 年第 6 期。

38. 李淑芳:《基于工学结合人才培养模式的企业兼职教师队伍建设探析》,《职教论坛》2013 年第 11 期。

39. 王全纲、袁兴国:《软件服务外包人才培养路径探析——基于校企协同培育机制的探索》,《中国教育学刊》2017 年第 7 期。

40. 严世清:《国际化视域下的高职服务外包人才培养创新》,《教育与职业》2017 年第 21 期。

41. 杨小婉、朱桂龙、吕凤雯、戴勇:《产学研合作如何提升高校科研团队学者的学术绩效?——基于行为视角的多案例研究》,《管理评论》2021 年第 2 期。

42. 吴蓓、王文奎、李艳玲:《人才多渠道柔性利用的核心理念和基本形式》,《科技进步与对策》2009 年第 24 期。

43. 吴玲:《"人才共享"办法好》,《民主》2008 年第 1 期。

44. 党林林:《京津冀协同发展背景下的高端人才共享机制研究》,《人才资源开发》2017 年第 16 期。

45. 张卫枚:《长株潭城市群科技人才共享体系构建》,《对外经贸》2012 年第 9 期。

46. 张胜冰、吉宇:《中部现有人才结构与产业结构调整的矛盾及策略分析》,《经济问题探索》2008 年第 4 期。

47. 佟林杰、孟卫东:《环渤海区域人才共享机制的瓶颈因素及对策研究》,《科技管理研究》2013 年第 21 期。

48. 何琪:《区域人才共享:问题与对策》,《现代管理科学》2012 年第 3 期。

49. 朱兰、王勇、李枭剑:《新结构经济学视角下的区域经济一体化研究——以宁波如何融入长三角一体化为例》,《经济科学》2020 年第 5 期。

50. 郭庆松:《长三角人才共享机制:问题与对策》,《社会科学》2007 年第 5 期。

51. 刘追:《丝绸之路经济带背景下新疆人才共享机制研究》,《行政论坛》2017 年第 1 期。

52. 李峰、徐付娟、郭江江:《京津冀、长三角、粤港澳科技人才流动模式研究——基于国家科技奖励获得者的实证分析》,《科学学研究》2021 年第 3 期。

53. 宋成一、刘盈盈:《国内人才共享研究述评》,《西北民族大学学报(哲学社会科学版)》2019 年第 3 期。

54. 何超、张建琦、刘衡:《分享经济:研究评述与未来展望》,《经济管理》2018 年第 1 期。

55. 夏琛桂:《人才区域性流动机理及其效应分析》,《上海交通大学学报》2008 年第 11 期。

56. 陈宪:《分享经济能够颠覆资本主义吗》,《文汇报》2016 年第 4 期。

57. 盛慧娟、全永波:《长三角一体化背景下跨区域人才柔性共享机制研究》,《浙江海洋大学学报(人文科学版)》2020 年第 3 期。

58. 方肇初:《"揭榜挂帅"探索新发展格局下的引才路径变革》,《中国人才》2021 年第 3 期。

59. 陈晓伟:《"人才飞地"破解基层引才困局》,《中国人才》2021 年第 2 期。

60. 齐明山、陈虎:《论服务行政模式中的组织整合》,《湖南社会科学》2007 年第 3 期。

61. 李超平、江峰:《新经济时代领军人才的成长要求及开发路径研究》,《中国人力资源开发》2015 年第 11 期。

62. 马宁等:《合作与共赢:京津冀区域人才一体化问题研究》,《中国人力资源开发》2011 年第 10 期。

63. 明哲:《人才共享会成为下一场共享经济吗?》,《互联网周刊》2016 年第 23 期。

64. 牛冲槐、闫紫耀、张永红:《中小企业人才共享对技术创新的作用机制研究》,《山西农业大学学报(社会科学版)》2011 年第 8 期。

65. 孙博等:《社会网络嵌入视角下人才流动对企业战略柔性的影响研究》,《管理学报》2020 年第 12 期。

66. 汤天波、吴晓隽:《共享经济:"互联网+"下的颠覆性经济模式》,《科学发展》2015 年第 12 期。

67. 王嵩:《信息化时代下我国人才市场的发展浅析》,《科技传播》2010 年第 19 期。

68. 王晓航：《跨区域科技人才共享实践模式比较研究》，《科学管理研究》2020 年第 2 期。

69. 温金海：《珠三角人才开发一体化如何突破难点——"珠江三角洲地区人才工作联盟第二届论坛"侧记》，《中国人才》2011 年第 1 期。

70. 吴从环：《长江三角洲地区人才开发一体化及其发展趋势研究》，《上海行政学院学报》2015 年第 5 期。

71. 徐莉、程换弟：《京津冀协同发展下区域教育问题的研究——基于高考招生方面的思考与建议》，《天津电大学报》2015 年第 3 期。

72. 杨连云、石亚碧：《京津冀区域协调发展的战略思考》，《河北学刊》2006 年第 4 期。

73. 俞文华：《积极推进京津冀协同发展的财政机制探讨》，《行政管理改革》2015 年第 4 期。

74. 原长弘、张树满：《以企业为主体的产学研协同创新：管理框架构建》，《科研管理》2019 年第 10 期。

75. 张小明：《人才共享的几种形式》，《党建与人才》2002 年第 6 期。

76. 张雪、李爽、张靖轩：《京津冀区域人才开发合作机制》，《河北联合大学学报（社会科学版）》2014 年第 6 期。

77. 张亚明、刘海鸥：《协同创新博弈观的京津冀科技资源共享模型与策略》，《中国科技论坛》2014 年第 1 期。

二、外文文献

78. Felson, M., Spaeth, J.L., "Community Structure and Collaborative Consumption: A Routine Activity Approach", *American Behavioral Scientis*, 1978, 21(4): 614-624.

79. Weitzman, M. L., "The Share Economy: Conquering Stagflation", *Industrial and Labor Relations Review*, 1986, 39(2):285-290.

80. Price, J. A., "Sharing: The Integration of Intimate Economies", *Anthropologica*, 1975, 17(1):3-27.

81. Belk, R., "Sharing", *Journal of Consumer Research*, 2010, 36 (5):715-734.

82. Buzacott, J. A. M, Elbaum, M., *Flexibiliy and Productive in Manufacturing Systrms*, Proceedings Annual ILE Conference. 1985. 404-413.

83. Atkinson, J., "Manpower Strategies for Flexible Organizations", *Personnel Management*, 1984, 16(8), 28-31.

84. Bal, P. M., De Lange, A. H., "From Flexibility Human Resource Management to Employee Engagement and Perceived Job Performance across the Lifespan: A Multisample Study", *Journal of Occupational and Organizational Psychology*, 2015, 88(1):126-154.

85. Wright, P. M., Boswell, W. R., "Desegregating HRM: A Review and Synthesis of Micro and Macro Human Resource Management Research", *Journal of Management*, 2002, 28(3):247-276.

86. Milliman, J., Glinow, M. A. V., Nathan, M., "Organizational Life Cycles and Strategic International Human Resource Management in Multinational Companies: Implications for Congruence Theory", *Academy of Management Review*, 1991, 16(2):318-339.

87. Blyton, P., Turnbull, P., *Reassessing Human Resource Management*, Washington: Sage Publications, 1992.

后　记

2019 年 5 月,由陈亮主持,石晓飞、邢明强、郑伟波、苏建宁、王丽锟、赵娜共同参与的河北省人文社会科学研究重大课题攻关项目"京津冀人才柔性共享机制研究"(ZD201413)顺利结项,并获得优秀鉴定结果。

本书在该项目研究基础上完成。两年来,按照评审专家的建议,陈亮、石晓飞进一步聚焦京津冀人才一体化发展主题,突出问题导向,坚持质量标准,从多个方面做了拓展深化研究。一是重新设计了总体研究框架,使结构更加完整;二是扩充了较多新内容,特别是结合近年来区域人才发展的丰富实践,总结提炼新的经验做法,使内容更加丰富;三是更新了较为陈旧的数据资料、佐证材料,使论证更加贴近现实;四是逐字逐句修改完善了每个章节段落,使文字更加准确规范;五是有针对性提出新的人才柔性共享路径和对策建议,使研究更加深入。

本书的写作和出版同时得到了国家社会科学基金项目"京津冀人力资本空间溢出作用机制与共享路径研究"(19BGL270)、河北省引进国外智力项目"京津冀国际化人才培养模式的协同创新"(2019YX024A)、2021 年河北省哲学社会科学学术著作出版基金、京津冀协同发展河北省协同创新中心的资助,也得到了人民出版社的大力支持。在本书出版付梓之际,谨向全国哲学社会科学工作办公室、河北省教育厅、河北省科学技术厅/河北省外国专家局、河北省社会科学院/河北省社会科学界联合会、人民出版社表示衷心的感谢。

在本书的写作过程中还得到了河北经贸大学工商管理学院许龙博士、张静博士以及李正瑞、贾朋凯、周晓钰、张佳美、刘遵虎、雷芳、推张静等同学的帮助,他们在数据搜集、资料整理和文字校对等方面做了大量工作,在此一并表示感谢。

推动京津冀协同发展是党中央、国务院在新的历史条件下作出的重大决策部署,是一个重大国家战略,人才一体化发展是实现京津冀协同发展战略目标的智力支撑和重要保障。本书基于协同理论尝试构建的京津冀人才柔性共享机制及提出的对策建议,是从人才共享视角对京津冀人才一体化发展重大命题的初步研究探索。限于水平和条件,书中难免有错讹和值得进一步商榷的地方,恳请广大读者批评指正。

作 者

2021 年 9 月 10 日

责任编辑:杨 谭

图书在版编目(CIP)数据

京津冀人才柔性共享机制研究/陈亮,石晓飞 著. —北京:
　人民出版社,2021.12
ISBN 978－7－01－024210－1

Ⅰ.①京… Ⅱ.①陈…②石… Ⅲ.①人才管理-研究-华北
地区 Ⅳ.①C964.2

中国版本图书馆 CIP 数据核字(2021)第 243269 号

京津冀人才柔性共享机制研究
JINGJINJI RENCAI ROUXING GONGXIANG JIZHI YANJIU

陈　亮　石晓飞　著

人 民 出 版 社 出版发行
(100706 北京市东城区隆福寺街 99 号)

北京汇林印务有限公司印刷　新华书店经销

2021 年 12 月第 1 版　2021 年 12 月北京第 1 次印刷
开本:710 毫米×1000 毫米 1/16　印张:13.5
字数:220 千字

ISBN 978－7－01－024210－1　定价:49.00 元

邮购地址 100706　北京市东城区隆福寺街 99 号
人民东方图书销售中心　电话 (010)65250042　65289539